JOHNNY

Les 100 jours où tout a basculé

CATHERINE RAMBERT
RENAUD REVEL

JOHNNY

Les 100 jours où tout a basculé

FIRST
Editions

Johnny, les 100 jours où tout a basculé

60, rue Mazarine
75006 Paris – France
Tél. : 01 45 49 60 00
Fax : 01 45 49 60 01
Courriel : firstinfo@efirst.com
Internet : www.editionsfirst.fr

ISBN : 978-2-7540-2021-3
Dépôt légal : 2e trimestre 2010
Imprimé en France
Chez Brodard et Taupin
Avenue Rhin et Danube
BP 40019
72201 – La Flèche Cedex

Édition : Benjamin Arranger
Mise en page : ReskatoЯ

– Avant-propos –

Aéroport Roissy-Charles-de-Gaulle, 1er décembre 2009, vol Air France 066 en partance pour Los Angeles, départ 10 h 45. L'homme qui s'apprête à embarquer au côté d'une jolie blonde élancée traîne, accroché à son épaule, un sac avachi. Apercevant le bar, il s'y dirige pour commander un café. Telle une foule de courtisans saluant un monarque, le peuple des hôtesses, des stewards et des badauds s'ouvre sur son passage, et le jauge des pieds à la tête.

Attablé, immobile comme un cacatoès sur sa branche, le grand escogriffe au blouson de cuir attire tous les regards. Ce voyageur n'a pas l'air bien fringant. Il n'a plus grand-chose du Gatsby magnétique qu'il fut un temps. Ni de la bête de scène qui irradiait il y a encore quelques semaines sur tous les tréteaux de France : tombé de son cadre, c'est un soldat de verre qui se faufile maintenant entre les sièges de cette salle d'embarquement et que sa longiligne compagne, qui l'assiste et ne le quitte pas d'une semelle, semble tenir à bout de gaffe.

Ces longues minutes d'attente dans les salons de la compagnie ont fini de le lessiver.

— Monsieur, si vous voulez bien...

Un signe de l'un des membres d'équipage, aussi affairé que le garçon d'étage d'un palace, et le voilà qui s'engouffre dans la carlingue, comme on se dirige vers un caisson de survie. Il va s'affaler au fond d'un siège de première classe. Livide, épuisé, l'homme semble n'avoir plus que la peau et les os. Ses vêtements flottent sur lui. Sa tête, les mains au bout de ses longs bras, sa carcasse, tout paraît flotter, d'ailleurs. Il porte des lunettes noires et derrière ses hublots, on devine deux yeux bleus dont on redoute qu'ils ne rient aux larmes, tant la tension de son visage renvoie l'image d'une lutte sourde avec une vilaine douleur qui lui râpe les nerfs, à chaque mouvement.

Tout de noir vêtu, le teint plus cireux que sa statue du musée Grévin, ce passager VIP qu'entoure maintenant un ballet d'hôtesses aux petits soins n'est plus que l'ombre de lui-même.

Il a réclamé un verre de vin, histoire de révoquer les angoisses qui le ravinent et ce point qui cisaille et tisonne le bas de son dos depuis maintenant plusieurs jours. Foutue médecine... Puis il s'est retourné vers sa femme, Laeticia. Plongée dans la lecture d'un magazine féminin, elle n'a pas cillé. Il la regarde, elle lit. Tout est beau chez elle, régulier, serti, lisse. Elle figure la classe, la sérénité et la santé. Une leçon de maintien, un festival de self-control et d'insouciance… apparente. Un véritable défi à sa carcasse qui l'abandonne et à son esprit qui bat la chamade.

Lui hier si flamboyant, embrochant la vie et le succès sans retenue, le voilà comme démuni face à cette beauté qui semble ne pas respirer le même air que le sien. Froissement des pages qui se tournent, regard concentré, rivé à son journal, elle lui tapote simplement la main comme on le fait à un enfant migraineux à qui l'on dit : « Allez, dors, ça ira mieux demain, mon chéri. » Après tout, il sort à peine de clinique, il vient de se faire opérer d'une hernie discale, il est normal qu'il se sente un peu fatigué…

D'ailleurs il vient de sombrer dans un sommeil de plomb.

Los Angeles, Cité des Anges, onze heures et trente minutes plus tard : le moment d'atterrir. Bienvenue en enfer, monsieur Smet ! Car ce Français au visage mangé par les cernes et au bouc de Tatar que le personnel de l'aéroport jette sur un fauteuil roulant est un quidam parmi d'autres pour l'administration américaine qui épluche ses papiers à la douane. Nom : Smet. Prénom : Jean-Philippe. Date de naissance : 15 juin 1943. Motif du séjour ? « Tourisme », a-t-il coché sur sa fiche de police dans l'avion. La bonne blague !

Un quidam ? Pour l'armada des journalistes français qui l'attendent, c'est au contraire l'éternel « Johnny ». Johnny, star inoxydable aux mille vies et aux cent millions d'albums, icône statufiée et gloire nationale, dont le parcours est synonyme, depuis un demi-siècle, de concerts volcaniques, de publics en feu et de couvertures en papier glacé.

*
* *

Le récit qui va suivre est l'histoire des cent jours où, pour ce Johnny national, tout a basculé.

D'un Noël à l'autre, quel changement ! Le 24 décembre 2008, il réveillonnait en famille à l'hôtel Métropole de Hanoï. Une époque bénie où tout baignait dans un bonheur limpide. Laeticia tenait dans ses bras leur deuxième bébé, tout juste adopté sur place, après que la République et quelques hautes personnalités, dont Nicolas Sarkozy et Bernadette Chirac, leur eurent facilité les démarches administratives, c'est du moins ce que certains journaux prétendaient... Le 24 décembre 2009, toujours entouré des siens, ce sera en convalescent, en miraculé même, qu'il franchira un Noël maudit. Un Noël qu'il aura bien failli, cette fois-ci, ne jamais voir...

Après le bonheur viendra donc la guerre froide. Avec la maladie, mais aussi avec la Terre entière : les banques, un médecin fantasque à gueule d'ange accablé par le monde entier depuis qu'on a prétendu qu'il avait jardiné son dos et ses hanches, une meute d'assureurs à l'affût, aussi. Sans oublier l'armée des courtisans et des vautours qui va le cerner sans merci pendant qu'il combat pour la vie.

Une guerre contre l'alcool, également, ce décompresseur, cet anxiolytique... Mais que serait un grand rocker sans son verre d'alcool ? Autant lui arracher sa guitare ! Les grandes légendes du rock ne se sont jamais bâties sur l'eau…

Dans cette histoire, il est d'abord question d'un homme têtu, d'une rock star incapable d'obéir à son organisme, assermenté à lui-même depuis trop longtemps pour écouter quiconque. Pour avoir trop vécu sur le fil et joué avec le feu dès son plus jeune âge, celui que l'on disait hier en Kevlar n'est plus aujourd'hui qu'une silhouette en stuc. Étrange destin que celui de cet artiste en sursis qu'Hippocrate semble vouloir punir pour avoir soumis son foie, ses reins, ses poumons, son cœur à tant et tant d'excès… À tel point que, sur le coup, personne n'ose imaginer qu'il puisse un jour se relever, et encore moins regrimper sur une scène pour hurler à ses fans, comme à la France qui l'espère, « Que je t'aime ».

Pour les médecins qui le prendront en charge deux jours après son arrivée à L.A., une fois qu'il se sera offert quelques instants de répit sur les collines d'Hollywood où il a cru que l'alerte était passée, ce malade n'est qu'un patient parmi d'autres. Car même s'il s'est produit ponctuellement en Amérique, Johnny est loin d'y être célèbre comme dans l'Hexagone. Pour beaucoup de lecteurs de *picture magazines* de la côte Ouest, ce Johnny Hallyday dont on découvre le visage est un inconnu. Et un simple matricule pour l'administration du Cedars-Sinai. Victime à soixante-six ans d'une banale mais costaude infection postopératoire, ce patient a beau être pour des milliers d'hommes et de femmes une star adulée, c'est un cas parmi d'autres pour les blouses blanches qui le prennent en charge. Jusqu'à ce que...

Jusqu'à ce qu'un consul de France affolé pointe son nez à la réception de cet hôpital, qu'un président de la République française en exercice s'enquière, à son tour, de son état de santé après avoir pris contact avec la famille du patient, à de nombreuses reprises. Jusqu'à ce qu'une nuée de paparazzi, d'avocats et d'assureurs sur le qui-vive – auxquels vont emboîter le pas sans crier gare un nuage de sauterelles déboulées des quartiers chics de Paris – s'emparent du malade et mettent le feu à l'établissement. Insensé. Qui aurait pu imaginer qu'une simple complication chirurgicale vire d'un jour à l'autre à l'affaire d'État, transformant un respectable et paisible hôpital californien en volcan, et la chambre de l'un de leur patient en Barnum ?

Dans cette histoire, il va être aussi question, très vite, d'une clinique parisienne huppée mais « blacklistée » et d'une star du scalpel, tout droit sortie d'un épisode d'*Urgences*. « Boucher » ou bouc émissaire ? Ce praticien traqué par la presse, puis frappé d'indignité par une partie de ses pairs, va vivre l'opprobre et l'enfer. Autour de lui bourgeonnent d'ailleurs toujours, depuis cet épisode médiatico-médical échevelé, quolibets ou menaces. Que n'a t-il fait en posant ses mains sur cette icône ! Car il n'est question depuis que d'intérêts financiers considérables, de la carrière d'un artiste à hauts risques, d'une fin de tournée compromise. Ainsi que du va-tout d'un producteur de spectacles que l'on dépeint alors le dos au mur. Jean-Claude Camus – c'est son nom – était hier un nabab, les cent jours de Johnny vont le transformer en patron d'une PME en sursis, dont on se plaît à annoncer, chaque jour qui passe, le crépuscule. Stoïque, mais en apparence seulement, le producteur s'emploie à démontrer qu'il tient toujours entre ses mains, et vaille que vaille, la carrière, le destin et le tiroir-caisse de son client hors norme. Le public ne demande qu'à voir, mais…

Enfin, dans ce récit, il sera largement question d'une indescriptible émotion collective, de l'inquiétude de plusieurs dizaines de milliers d'aficionados à travers la France et d'un chef d'État qui chavire : fan de la première heure du rocker inusable, ce dernier s'est cru obligé de prendre, toute affaire cessante, la parole lors d'un sommet européen, afin de rassurer ses concitoyens : non, la Voix de la France n'est pas mourante. Mais le pays n'en est pas moins inquiet. En témoigne l'étonnement du secrétariat particulier de ce chef d'État qui ne sait plus comment faire pour gérer les messages de soutien qui s'amoncellent rue du Faubourg-Saint-Honoré. Tandis qu'en coulisses, le cabinet de ce même président de la République suit discrètement l'évolution des événements, n'hésitant pas à évoquer, du bout des lèvres et à huis clos, l'hypothèse d'une journée de deuil national. Au cas où... Comme si la nation devait s'apprêter à se couvrir d'un linceul et pleurer son idole.

*
* *

Oui, le temps s'est bel et bien arrêté en ce début du mois de décembre 2009, en France : Johnny est mortel et nous ne le savions pas. À la veille de l'hiver, puis pendant et après celui-ci, il n'y eut que lui. Son sacre, avec l'annonce de sa dernière tournée, baptisée « Tour 66 », ce concert en forme de pont d'Arcole au Stade de France où la star de tout un peuple avait exécuté son dernier tour de piste tandis que sa silhouette saturait comme rarement les colonnes des journaux et les écrans de télévision : on s'est dit que l'on assistait à ce que tous s'accordaient à présenter comme la première étape du couronnement d'une carrière sans nulle autre pareille.

En réalité, il s'agissait de la première station d'un chemin de croix...

Jamais aussi célébrée que lors de sa tournée d'adieux, l'« idole des jeunes », avec ses ennuis de santé, a soudain partagé avec Jacques Chirac les sommets des hit-parades de la popularité, au cœur de cet hiver 2009. La France est ainsi : c'est blessés, en danger, amoindris donc humains qu'on les préfère et qu'on les adule. La descente aux enfers de Johnny au sortir de la table d'opération d'une clinique parisienne a fait de ce dernier le héros inexpliqué d'un impensable feuilleton, où les ingrédients d'un programme de télé-réalité indigeste se mêlent aux ressorts les plus classiques d'un mélo à rebondissements.

Des feux de la rampe à l'écran noir. Pendant plusieurs semaines Johnny Hallyday a régné, sans partage ou presque, sur les médias. Couvertures de magazines à profusion, photos et enquêtes dégoulinant sur l'ensemble de la presse, reportages en boucle sur la quasi-totalité des grandes chaînes du pays. Rarement les rédactions ont connu une telle frénésie. Même ceux qui ne sont pas directement en charge du suivi de la carrière du chanteur se sont lancés à ses trousses, attirés par les rumeurs et le climat d'hystérie et de scandale qui enflait au fil des jours autour de l'artiste.

Tout aussi épique, mais à l'échelle française, l'« affaire Hallyday » ressemble à s'y méprendre – l'épilogue tragique en moins – à celle de Michael Jackson. Difficile de ne pas penser à la star disparue, surmédicamentée et hors norme, elle aussi. L'Américain avait son docteur Murray, accusé d'avoir prescrit à son patient une dose de calmants excessive. Le Français a son docteur Delajoux, suspecté, à tort ou à raison, d'en avoir trop fait. L'Amérique d'Obama a pleuré « Michael », la France de Sarkozy a veillé Johnny. Comme si les cent jours qui ont vu la vie de cette star chavirer d'un seul coup n'avaient été qu'une immense et morbide répétition générale.

– 1 –

Los Angeles, hôpital Cedars-Sinai, 7 décembre 2009

Pas de garde du corps pour faire écran, pas de couverture pour le dissimuler. Seule une chaise roulante qui s'engouffre à toute vitesse dans le hall du centre hospitalier où une chambre a été réservée en toute hâte, de Paris, par son médecin. Contre toute attente, Johnny Hallyday, qui pensait être en convalescence, intègre cet hôpital cinq étoiles qui domine les faubourgs populaires de la ville.

Quelques instants plus tôt, il hurlait de douleur sur la banquette arrière de l'Audi noire que conduisait à très vive allure Laeticia dans les rues de Beverly Hills. L'hôpital n'est qu'à une quinzaine de minutes de leur somptueuse villa nichée dans le « Triangle de platine », une enclave quadrillée de demeures princières, mais le temps presse : plié en quatre, Johnny n'en peut plus. Il supplie Laeticia d'accélérer et réclame un médecin. Mais que s'est-il passé encore, et de si grave ? s'affole sa jeune épouse qui, tout en tenant le volant d'une main, passe une volée de coups de fil paniqués à quelques proches, dont un au praticien parisien qui a opéré son mari, Stéphane Delajoux. Elle a déjà appelé celui-ci la veille, s'inquiétant des douleurs dont Johnny se plaignait. Le chirurgien lui a alors conseillé de lui administrer un analgésique pour le soulager sans toutefois que cela règle le problème de fond.

Aujourd'hui, le chirurgien se montre plus déterminé. Sans la moindre hésitation, il lui intime l'ordre d'hospitaliser sans délai celui dont il sait la fragilité et connaît la mécanique interne : direction les urgences et vite ! Il règne dans l'habitacle une ambiance de veille de désastre, de tristesse et de coup foiré. « Mais qu'est-ce qu'il a, Stéphane ? » se lamente Laeticia, le portable vissé à l'oreille. L'avant-veille encore, tout semblait aller un peu mieux : malgré un voyage éprouvant, Johnny était détendu, le pire semblait même derrière eux...

*
* *

À peine arrivé à L.A., Johnny, qui se plaignait toujours de douleurs lancinantes dans le bas du dos, n'a pas voulu repousser, pour autant, le déjeuner qu'il s'était programmé chez Petrossian – l'une de ses cantines favorites fréquentée par la jet-set – avec Didier, alias DJ Mbenga, un colosse de deux mètres treize, l'un des rares joueurs de basket belges évoluant dans le prestigieux NBA américain, au sein des Los Angeles Lakers.

Au menu de ce déjeuner frugal, du caviar à n'en plus finir et les vins blancs les plus fins. L'ambiance est détendue et Johnny a de l'appétit. Si l'artiste, le visage marqué par la fatigue, a dû se bourrer de cachets pour ne pas souffrir, il tient à rester à table jusqu'au bout. Qu'importe son état, ce soir il se contentera d'une feuille de salade, prendra un calmant et ira se coucher tôt. On verra bien...

À 16 h 30, tout le monde lève le camp. Johnny n'a pas très fière allure. K.-O. debout, il retourne chez lui et va s'allonger, incapable de faire trois mètres de plus : il ne saurait s'agir d'un simple mal de dos, maintenant la souffrance dépasse l'entendement et les douleurs qu'il endure sont un « calvaire » pour lui, dit-il.

Or dans sa bouche, ce mot n'est jamais employé à la légère, tant il a appris à cohabiter avec les nombreux maux qu'il collectionne comme d'autres les faits d'armes. Orgueilleux, désabusé et je-m'en-foutiste, Johnny a pour réputation et habitude de ne jamais rien montrer à ceux qui l'entourent : pour lui, ce serait déchoir. Mais là...

Au cours de ces derniers mois, Johnny Hallyday avait pensé pouvoir se jouer de ses bobos, comme il l'avait toujours fait jusqu'ici, omettant simplement une chose : à l'heure du bilan, Dame Douleur, elle, ne l'oublierait pas. Il avait eu le tort de croire qu'on pouvait faire confiance à celle-ci et qu'avec le temps viendrait le moment de la cohabitation. Illusion. Après s'être bien installée, elle avait fini par tranquillement s'enraciner, pour ne plus le quitter. Johnny avait beau balayer ses problèmes d'un revers de la main, il se doutait bien, plus ou moins consciemment, que tout se jouerait tôt ou tard entre sa santé et lui. Et voilà que ce 7 décembre 2009, elle lui présentait l'addition. C'était la fin du bras de fer qu'ils avaient commencé tous deux, voilà maintenant un bail. L'artiste, en vrac, avait désormais une conviction : l'un d'eux était de trop.

Au Cedars-Sinai, Johnny n'est plus qu'un grand corps malade jeté en pâture à la médecine. Conduit immédiatement aux urgences, il est pris en charge par deux médecins noirs américains – les docteurs Sima et Hudson – qui vont être les seuls, durant ces longues semaines de polémiques, de batailles et de rumeurs, à connaître l'exacte vérité, l'état de santé réel de ce patient qui leur paraît bien agité. Ils vont tout observer, tout analyser, et passer au scanner son passé médical : un travail d'archéologue. Et ce sont eux, toujours, qui rédigeront scrupuleusement, au terme de son séjour au Cedars-Sinai, le compte rendu clinique.

Ce document clé a fait l'objet d'une traduction méticuleuse, à Paris. Et il a été transmis à la mi-février 2010 à Johnny Hallyday, ainsi qu'aux avocats de l'artiste, de Stéphane Delajoux et des différentes compagnies d'assurances. Ce précieux dossier, essentiel pour la suite des événements, a également été adressé aux deux médecins experts français mandatés par la Justice : l'infectiologue Bertrand Gachot, qui exerce à l'institut Gustave-Roussy de Villejuif, et le neurochirurgien Marc Tadié, du CHU de Bicêtre. Ces deux experts viennent s'ajouter aux deux praticiens qui avaient été dépêchés en toute hâte, dans un premier temps, aux États-Unis : le docteur François Zuccarelli, médecin des assurances, très connu dans le milieu du spectacle et du cinéma, et le professeur Catonné, chef du service de chirurgie orthopédique et traumatologique de la Pitié-Salpêtrière. Rien que du beau linge. À eux quatre, ces praticiens de haut vol forment une escouade de spécialistes mobilisés comme rarement au chevet d'un patient qui va devenir aux yeux des médecins américains bien plus qu'un cas parmi d'autres : une véritable pièce de musée, qu'il convient de manier avec d'infinies précautions.

Pour l'heure, ce 7 décembre, il faut parer au plus pressé. Johnny Hallyday est installé dans l'une des ailes les plus calmes du gigantesque complexe hospitalier qui résulte de la fusion de deux établissements de renom érigés en 1961 et compte quelque deux mille praticiens et près de dix mille employés. Une vraie ville. Spécialisé dans le traitement du cancer, des maladies intestinales et des maladies du cœur et des reins, cet ensemble est également très prisé par les stars, qui y viennent pour accoucher ou se faire soigner incognito. On a vu Michael Jackson y suivre plusieurs traitements. Frank Sinatra, Barry White et Sammy Davis Jr y sont décédés – « de leur belle mort », a-t-on précisé à Johnny en blaguant, histoire de le détendre ! – et les people du pays y font le pied de grue à la moindre alerte.

Pour la petite histoire, précisons que l'imposante aile dans laquelle se situe la chambre de Johnny Hallyday porte sur son fronton la plaque d'un riche mécène du nom de David Saperstein. Ironie du sort, ce milliardaire texan, qui a fait fortune dans le pétrole et la télévision, est un francophile convaincu et fantasque. C'est ainsi qu'il a fait bâtir sur les hauteurs d'Hollywood une réplique hallucinante du Petit Trianon, érigée avec des pierres d'époque apportées de France par avion cargo. Ce nabab fait partie des quelques généreux donateurs qui concourent à la réhabilitation du château de Versailles et qu'en 2005 la France, par la voix de l'ancien ministre de la Culture, Renaud Donnedieu de Vabres, a fait chevalier des Arts et des Lettres. Lorsque David Saperstein a appris qu'un monument du patrimoine de la chanson française dormait dans ses draps, cet ami de la France, mécène à ses heures, a pris son téléphone afin d'exiger que tout soit fait pour que cet hôte illustre soit reçu et soigné de la meilleure des manières...

Pas sûr que ce parrainage soit de nature à conforter et requinquer notre John Smith. C'est le nom d'emprunt utilisé pour des raisons de tranquillité et de confidentialité par Johnny Hallyday, né Smet, pour l'administration du Cedars-Sinai, laquelle consulte en toute hâte et par curiosité sa fiche signalétique sur Internet. Que d'identités et que de domiciles... Jean-Philippe Smet (sous l'Occupation), rebaptisé Johnny Hallyday (sous de Gaulle), Français résidant en Suisse, quand il n'est pas en transit à Saint-Tropez ou à Saint-Barth... Que de femmes ou de compagnes aussi : Sylvie, Nathalie, Adeline, Laeticia... Quelle vie, enfin, faite de hauts et de bas, de fulgurances et de déboires !

*
* *

À peine la star est-elle installée dans sa chambre, les deux médecins américains décident de se livrer à un premier check-up complet de leur patient, en remontant assez loin dans son passé sanitaire. Autant dire, vu le cas, une plongée dans le Vidal ou toute autre bible médicale et un travail en forme d'enquête de police. Ces premières investigations sont d'autant plus importantes qu'elles nourriront, plus tard, les conclusions des experts mandatés par la Justice. Car ce sont ces deux médecins yankees et eux seuls qui devront dire si Johnny a été bien soigné à Paris et s'il est suffisamment « consolidé », selon le terme exact employé, non seulement pour prendre un vol long-courrier qui le ramènerait vers la France, mais également pour retrouver un jour le chemin de ses concerts. Dans tous les cas, une chose est certaine, le chanteur est entre de bonnes mains : ces deux jeunes praticiens sont, en effet, des pointures. Le premier, David Hudson, est un chirurgien orthopédiste renommé aux

États-Unis : c'est lui qui a la mission d'opérer Johnny. Quant au second, Harry Sima, également chirurgien, il a en charge la conduite de tout le processus thérapeutique. Ce chef d'équipe décidera de tout durant les deux semaines d'hospitalisation du prestigieux patient.

La toute première réaction des deux hommes à l'examen du cas qui leur est soumis est l'étonnement. Et le mot est faible. Une énorme surprise, devrait-on dire, qui les glace et les cloue sur place. De quel bois ce type est-il fait pour être encore debout dans l'état où il se trouve ? Des semaines plus tard, les deux praticiens révéleront même à l'entourage du chanteur, une fois celui-ci remis sur pied, qu'ils ont été littéralement abasourdis par la résistance de leur patient, un roc qui ne doit d'être en vie qu'à une insoupçonnable robustesse, doublée d'une mystérieuse force intérieure. Les deux médecins américains diront aussi toute leur fierté d'avoir réussi à le tirer d'affaire, convaincus que Johnny Hallyday, qui s'est raccroché à leurs bras comme on s'agrippe à une corde ou à une bouée, et dont la vie n'a tenu qu'à un fil, avait tout simplement été « à deux doigts d'y rester ».

Comment a-t-il pu en arriver là ?

– 2 –

« Tour 66 » : les acharnés

Les 11 et 12 juillet 2009, U2 est en concert à Paris. La tournée mondiale du groupe de rock fait escale dans la capitale pour deux soirées exceptionnelles au Stade de France. La totalité des places a été vendue en un temps record. Une foule hystérique a commencé à se rassembler quarante-huit heures plus tôt devant les portes du stade. Dans Paris, impossible de croiser quelqu'un qui ne vous demande fébrilement : « Tu y vas, toi ? », « Tu pourrais avoir des invitations ? ». Des rumeurs élogieuses rapportées par la presse laissent augurer un concert inouï, dépassant l'entendement, dopé aux dernières trouvailles technologiques et aux moyens faramineux. Même si les mauvaises langues affirment que le groupe a vieilli, c'est l'événement à ne pas manquer, *the place to be.* D'ailleurs le prix des billets au marché noir flambe. Certains s'échangeront à plus de mille euros.

Au lendemain de la première prestation, les quotidiens se répandent en superlatifs. Bono et ses acolytes n'ont pas déçu. Le show a coupé le souffle des heureux élus qui y ont assisté. La mégalomanie du groupe a encore frappé :

un duplex a même été organisé avec les astronautes de la Station spatiale internationale qui ont regardé le concert en direct depuis… les étoiles. Excusez du peu.

Côté décor et mise en scène, c'est également le choc : une structure tentaculaire posée au milieu de la foule et baptisée « *the claw* » (la griffe), un immense écran circulaire, une scène transformée en plateau tournant, des passerelles permettant de rejoindre un anneau géant, des effets de lumière et de pyrotechnie… Tout le monde salue la prouesse technologique, la capacité de renouvellement et la créativité.

Tout le monde ? Voire. Il y en a un à qui ce déploiement de moyens reste en travers la gorge. Un qui ne digère pas d'être éclipsé de la sorte sur ses terres. C'est Johnny. Ce 11 juillet, à l'heure où U2 met le feu aux portes de la capitale, il se produit à Marseille, quatorzième ville-étape de son Tour 66, sa tournée d'adieux démarrée deux mois plus tôt à Saint-Étienne. Un show censé « marquer les esprits », avait promis la star lors de sa conférence de presse, le 6 octobre 2008, au cours de laquelle il avait présenté, au côté de son producteur Jean-Claude Camus, les détails de son dernier tour de piste. Sûrs d'eux, les deux hommes avaient alors laissé entendre que le dispositif scénique serait exceptionnel et battrait les précédents records établis par l'équipe Hallyday. Une sortie en apothéose pour une carrière de légende. « Plus fort que Madonna », avait cru bon d'ajouter un Johnny vêtu de noir, drôle de feutre sur la tête et cigarette aux lèvres.

*
* *

Pourtant, étonnamment, aucun détail précis n'avait été donné sur la mise en scène et les moyens engagés par la production. Évasif, Camus s'était contenté de jeter quelques chiffres en l'air et avait lâché une fourchette d'estimation du prix du spectacle – entre dix et quinze millions d'euros – trop large et trop floue pour être réellement crédible. Plus surprenant, alors que rien n'était déterminé à ce moment-là, à l'exception de la taille de la scène et de la présence d'écrans géants, le producteur était déjà capable de chiffrer le nombre de camions qu'il enverrait sur la route et le nombre de personnes mobilisées sur la tournée. Comment était-ce possible ? En vérité, avec cette conférence de presse, Camus et Hallyday orchestraient simplement une belle opération de communication : annoncer d'ores et déjà au public que l'on prépare des concerts monumentaux pour l'inciter à acheter massivement des places. Une fois que l'on est assuré de la rentabilité du spectacle, on commence à réfléchir à ce que l'on va mettre dedans. Et là, on allait voir ce que l'on allait voir !

Le problème est que cette tournée n'est pas franchement celle que l'artiste avait imaginée. Nous sommes mi-juillet et rien ne se passe tout à fait comme prévu. Les concerts ont commencé il y a deux mois, en mai, mais le cœur et l'ambiance n'y sont plus. Johnny est morose, fatigué, « sans jus », irascible. Il souffre déjà du dos comme un damné. Et avec l'absence de mesure qui est la sienne, il ingurgite quantité d'anti-inflammatoires. Parmi les techniciens et ses proches, certains s'alarment de le voir absorber de telles doses de médicaments, mais le boss n'en a cure.

— C'est bon, c'est bon, marmonne-t-il à qui lui conseille de ralentir, fous-moi la paix.

Lorsque plus aucune pilule ne calme la douleur, des piqûres de cortisone prennent le relais.

L'homme est affaibli, quoi qu'il dise, mais il n'y a pas que ça.

La vérité, c'est que cette dernière tournée, qu'il voulait magistrale, grandiose, ce show qui devait conclure sa carrière en apothéose, Johnny ne l'aime pas. C'est un secret de Polichinelle dans l'entourage de la star, mais un secret bien gardé, tant les intérêts financiers en jeu sont énormes. Depuis le début, c'est-à-dire dès les premières discussions sur l'élaboration et la conception du spectacle, la mise en scène proposée par Camus et ses directeurs artistiques ne l'a pas véritablement séduit. Certes, il y a bien l'aigle, sorte de phénix (oiseau capable de renaître de ses cendres, tout un symbole) en fond de décor comme il l'avait suggéré lorsque son producteur lui avait demandé ce qui lui ferait plaisir. Il y a des flammes, des jeux de lumières sophistiqués, ce rail autour de la scène pour être au milieu de la foule, des écrans géants, mais rien de très révolutionnaire finalement. Même l'entrée de l'artiste n'est pas aussi spectaculaire que l'on pouvait s'y attendre : un rideau de feux d'artifice balaie le décor quelques secondes avant de s'éteindre, laissant place à un Johnny immobile au milieu de la scène qui entonne *Ma gueule*. Bof ! Pour un artiste qui a toujours veillé à inventer des arrivées époustouflantes (à moto, dans un gant de boxe, dans une cabine en lévitation au-dessus de la scène, en haut d'une échelle façon *Mad Max*, en hélicoptère…), il y a de quoi être déçu.

Et déçu, il l'est.

En décembre 2008, alors qu'il tournait *Vengeance*, le film de Johnny To, à Hong Kong, Bernard Schmitt et Roger Abriol – respectivement metteur en scène et directeur de production du concert – étaient venus présenter à Johnny les premières idées artistiques de mise en scène et de conception du Tour 66, et par la même occasion écouter les suggestions du chanteur. Peu d'informations ont filtré de cette entrevue (l'équipe de Jean-Claude Camus a refusé de répondre à nos questions), à l'exception d'une confidence que Johnny allait faire à l'une de ses amies quelques jours plus tard, au téléphone.

« Comme il s'était déjà fait opérer du dos avant de partir, se souvient notre témoin, je prenais de ses nouvelles de temps en temps car Laeticia ne l'avait pas encore rejoint et lui manquait terriblement. Quelques jours plus tôt, Bernard Schmitt et Roger Abriol étaient venus lui parler des premières propositions de créations scénographiques du spectacle. Je l'ai senti dépité et démoralisé car il trouvait les idées un peu *cheap*, sans ambition. Il me disait : "C'est mon dernier show, quand même, faut que ça ait de la gueule !" Il ne l'a pas formulé comme ça, mais à travers ses propos, je sentais qu'il avait l'impression que Camus n'envisageait pas, a priori, de faire les choses en grand. Johnny, lui, répétait : "Je ne veux pas que l'on compte, ce sont mes adieux, quand même, il faut que ça reste inoubliable. Je veux quelque chose qui n'a jamais été fait." Il a répété plusieurs fois le mot "inoubliable". Mais dans ce qu'on lui avait présenté, il n'y avait rien d'inoubliable. Je le sentais très las et désabusé. »

Jean-Claude Camus, le producteur, « l'ami » depuis toujours comme il aime à se présenter, sait ce que son artiste lui reproche. Il a cherché tous les arguments possibles pour le rassurer et le convaincre que tout allait bien. Il lui a exhibé la liste des concerts *sold out*, celle des villes non retenues par la tournée qui réclamaient que le Tour 66 s'arrête aussi chez elles. Il lui a rappelé que si son album, *Ça ne finira jamais*, demeure un succès, il s'est quand même moins vendu que le précédent, crise du disque oblige. Les temps sont durs, l'argent entre plus difficilement dans les caisses. Et Hallyday, dont le train de vie est une sorte de tonneau des Danaïdes, a besoin d'argent, de beaucoup d'argent. Il lui a parlé de rentabilité, de bilans, de chiffres…

Les chiffres ! Johnny, c'est connu, les déteste. Mais depuis la séparation d'avec Universal, en 2005, il a été obligé d'y mettre le nez, dans ces satanés chiffres. Et il a fallu se rendre à l'évidence : Johnny est un travailleur pauvre, qui a tout claqué, tout flambé. Ses dépenses phénoménales l'ont plusieurs fois conduit au bord de la faillite personnelle. Envers et contre tout, cette absence d'esprit « capitalisateur » le rend plus proche encore de son public. Mais là, bon gré mal gré, il a dû apprendre à compter, à investir, à penser à l'avenir, au sien et à celui de sa femme, si jeune, et aussi à celui de ses filles, encore bébés. Alors bien sûr, les arguments de Camus ont fait mouche.

Coproducteur de la tournée, Hallyday a fini par se rendre à de si sensés arguments. Johnny le rebelle a appris à être raisonnable. Johnny a vieilli, il a une famille à charge, des enfants en bas âge.

« Ça ne change pas, un homme », chante-t-il.

Et pourtant…

Néanmoins, le malentendu est consommé : l'artiste veut réussir ses adieux, le producteur veut faire de cette tournée une affaire très rentable. Pourquoi investir des fortunes inouïes dans un décor alors que dès l'annonce que cette tournée serait la dernière, toutes les places se sont vendues en quelques jours ? Camus veut tellement optimiser son investissement qu'il rajoute des dates. Il ne sait pas encore que ce surcroît de dates va causer sa perte.

*
* *

Alors ce 11 juillet, lorsque les clameurs du concert de U2 parviennent à ses oreilles, lorsque Johnny apprend que la presse est dithyrambique, les frustrations et les rancœurs accumulées refont surface. Le 12, Hallyday se rend au Stade de France pour voir Bono et sa bande. En réalité pour valider lui-même ce qu'il pressent. Dans la tribune, il se retrouve au côté du Premier ministre, François Fillon. Ce qu'il découvre le rend fou de rage et il repart furieux. Ce show dépasse en tout point le sien. C'est de cela qu'il avait envie pour ses adieux ! La dispute téléphonique qui suivra avec Jean-Claude Camus sera homérique. Hallyday lui reproche de ne pas lui avoir conçu un show à la hauteur de l'événement. Le producteur a beau se justifier et essayer de calmer son artiste, peine perdue. Celui-ci ne décolère pas. Et ne décolèrera plus. Il en veut à Camus.

Car Johnny, longtemps présenté abusivement comme un rustre (une image largement véhiculée par sa légendaire marionnette des Guignols), est en réalité plus fin et surtout plus lucide qu'on ne veut bien le croire. Si le triomphe de U2 ne lui a pas échappé, la tiédeur des critiques au lendemain de son premier concert à lui, le 8 mai, à Saint-Étienne, ne le trompe pas non plus. Certes, il joue à guichets fermés devant un public conquis d'avance, mais sa prestation comme l'aspect visuel du spectacle convainquent moyennement les médias, pourtant majoritairement acquis à l'idole.

Aucun article ne sera véritablement enthousiaste. Aucun ne tombera dans l'emphase. La critique salue aimablement l'artiste en fin de carrière qui porte encore beau, et dont l'énergie ne cesse d'impressionner, mais elle ne s'extasie pas plus que ça, et elle n'est pas non plus subjuguée par le show.

« *Johnny est moins captivant lorsqu'il emprunte les tics du Presley de Las Vegas, notamment dans certaines interventions instrumentales ou dans un duo surjoué avec sa choriste* » ou encore : « ... *Des arrangements qui n'évitent pas une certaine emphase sur les titres les plus fédérateurs* » (*Le Figaro*).

Au lendemain de son premier concert, *Le Journal du dimanche* note « *un Johnny sobre dans ses déplacements mais toujours généreux dès qu'il s'agit de pousser la note* ». Façon délicate de signaler que le rocker marche (déjà) difficilement. Seul *Le Parisien* qualifie le show de « *spectaculaire* ».

*
*   *

Les choses ont commencé à s'enrayer bien avant le début de la tournée. À l'automne 2008, Johnny est déjà au bout du rouleau. Il souffre du dos, plus précisément d'une hernie discale. Négligent comme toujours, tirant sur la corde, flirtant avec les limites de ses forces, il laisse passer plusieurs semaines avant d'accepter de se soigner. Quand les douleurs deviennent insupportables, il se résout à se faire opérer une première fois par Stéphane Delajoux, le 24 octobre 2008, juste avant de partir en tournage à Hong Kong. Fidèle à ses mauvaises habitudes, il refuse de rester quelques jours en observation et sort dès le lendemain matin de la clinique en compagnie de sa femme qui a passé la nuit près de lui. Sans prendre le temps de se reposer, il enchaîne avec l'enregistrement d'une émission pour France 2, pendant trois jours, avant de s'envoler pour la Chine le 3 novembre 2008.

D'après les témoins, son état de fatigue est, dès les premières prises, alarmant. L'ensemble de l'équipe du film ne tarde pas à remarquer son ennui (il est très seul sur le tournage) et sa douleur persistante, dont il ne fait pas état mais qui marque son visage. C'est un homme qui souffre en silence.

Un jour, on frôle la catastrophe. Alors qu'il s'apprête à tourner une scène sur du sable, Johnny glisse et se démet la hanche. Direction l'hôpital de Hong Kong où on le remet d'aplomb et où il restera quelques heures en observation.

Dans l'entourage du chanteur, on craint les répercussions d'un tel accident, alors que la tournée se prépare et que Jean-Claude Camus réserve des salles, signe des contrats. Cette hospitalisation sera soigneusement dissimulée à la presse. Seule l'équipe du film (essentiellement chinoise) et la productrice Michèle Halberstadt, présente à Hong Kong le jour de la malencontreuse chute, seront dans la confidence. Pour le laisser se remettre de ce fâcheux incident, les cascades prévues au début du tournage ont été regroupées à la fin. Johnny tiendra à en réaliser lui-même un certain nombre, au mépris des règles de prudence élémentaires, et au mépris de son état. Ses douleurs décupleront. La fin du tournage sera un supplice.

Fin décembre 2008, Laeticia arrive enfin à Hong Kong avec Jade. Johnny et sa femme ont adopté cette adorable Vietnamienne trois ans plus tôt et attendent d'un jour à l'autre l'autorisation d'adopter une deuxième fille. Ils obtiennent l'accord des autorités locales le 23 décembre et se rendent à Hanoï le 24 pour recueillir une petite Joy, âgée de cinq mois.

Cette trêve des confiseurs vient à point pour Johnny qui à ce moment-là en a assez de la Chine, du tournage et de Johnny To, dont le tempérament réservé et glacé est à l'opposé du sien. Le réalisateur et son interprète principal ne se parlent que par l'intermédiaire d'un traducteur, quand ils se parlent. Le rythme est épuisant et Hallyday s'ennuie ferme.

Laeticia repart pour Paris début janvier avec les enfants. Johnny reste quelques jours de plus pour achever les dernières prises de *Vengeance*. Mi-janvier, le film terminé, une équipe d'Optic 2000 vient le chercher à Hong Kong et l'emmène à Shanghai pour tourner un film publicitaire. Là encore, tout le monde s'étonne de découvrir un Johnny particulièrement las. Le clip, intitulé « La mallette », doit être présenté aux médias début 2010 au restaurant Asian, avenue George-V. Il se tourne en cinq jours, en plein nouvel an chinois. Il est produit par Alain Pancrazi et réalisé par Vincent de Brus, un vieux copain de Johnny. C'est le septième film tourné par Hallyday pour Optic 2000.

« C'est Johnny qui a proposé Shanghai, raconte un membre de l'équipe, parce qu'il n'y était jamais allé. Ça lui plaisait de découvrir une ville qu'il ne connaissait pas. Quand les producteurs d'Optic 2000 ont dit "OK pour Shanghai", il était fou de joie et il a promis qu'on allait bien s'amuser. »

Hélas, d'amusement, il n'y aura pas. Johnny n'est pas en état. En outre, les festivités du nouvel an chinois perturbent le planning du tournage qui se déroule de nuit et dont le timing est plusieurs fois modifié.

Mi-janvier 2009, le chanteur rentre en France. Il part ensuite séjourner quelques jours à Gstaad et file à Los

Angeles commencer les répétitions de la tournée avec ses musiciens. Puis retour en France. Les répétitions ont une nouvelle fois donné lieu à des discussions houleuses avec Jean-Claude Camus. Cette fois c'est à cause du choix des chansons. Johnny veut privilégier les nouvelles et des titres qu'il n'a pas chantés depuis longtemps. Camus préfère favoriser les grands classiques Hallyday. Les rancœurs refont surface. Les deux hommes affichent de plus en plus souvent leurs divergences de vues et ne parlent que de l'essentiel, c'est-à-dire de business. Finalement, ils accorderont leurs violons sur une sélection de vingt-huit chansons.

Fin avril 2009, Hallyday enregistre en grand secret, sans prévenir Warner ni Jean-Claude Camus, une chanson écrite et composée par un jeune artiste totalement inconnu, que lui a présenté un de ses amis. Johnny a eu un coup de cœur pour cette chanson. Il passera une demi-journée en studio, en banlieue parisienne, pour en réaliser la maquette. Le titre, que nous avons pu écouter de façon tout à fait confidentielle, est splendide et assurément un futur tube. Quand Thierry Chassagne, président de Warner Music France, l'apprend, il ne cache pas son mécontentement. Qu'une chanson ait été enregistrée en échappant à son contrôle est intolérable pour un patron de label. Mais Johnny est ainsi. Un artiste fougueux, incontrôlable, qui ne sait pas ou ne veut pas résister à ses pulsions.

Les dernières répétitions se déroulent début mai à Saint-Étienne. Pour calmer les doutes du chanteur, Jean-Claude Camus communique à fond sur les moyens engagés dans cette tournée. Il veut ancrer dans l'esprit du grand public que cet événement sera exceptionnel : un budget estimé entre 15 et 20 millions d'euros, 250 personnes mobilisées, une scène de 60 mètres de long, 8 écrans géants, 70 semi-remorques pour transporter le tout… une avalanche de chiffres censés prouver que oui, décidément, le paquet a été mis sur cette tournée. Sans vérifier, la presse relaie une nouvelle fois ces informations. Camus aime en outre à répéter que c'est lui qui a eu l'idée de la passerelle qui contourne la scène pour amener le chanteur et un petit groupe de musiciens au milieu de la foule. Si le concept est sympathique, il n'est pas neuf. De Céline Dion à Tina Turner en passant par George Michael, la plupart des artistes ont désormais à leur disposition des systèmes similaires qui les projettent au milieu du public. Le Tour 66 est une belle tournée, certes, mais pas une tournée exceptionnelle, tant sur le plan créatif que sur le plan technologique. C'est bien pourquoi l'électrochoc du concert de U2 au Stade de France scelle un désaccord majeur, et laisse entrevoir le début d'une rupture entre le producteur et l'artiste. Bientôt, il y en aura d'autres.

*
* *

Malgré ces débuts difficiles, malgré les frictions et les souffrances, il faut assurer. *The show must go on.* Dopé aux anti-inflammatoires, Johnny semble figé sur ses deux jambes. Pour le préserver, on limite au maximum les déplacements, on écourte les fins de soirée. Après une escale au Festival de Cannes, le 17 mai, pour présenter *Vengeance*, la caravane du Tour 66 repart sur la route. Fin mai, à Paris, au Stade de France, Sylvie et David viennent chanter avec Johnny devant un public en délire. Les villes s'égrènent, Sochaux, Metz, Lens, Le Havre… et la ferveur Hallyday ne faiblit pas.

Johnny serre les dents, Johnny va mal, mais il tient à faire plaisir à sa femme, très investie aux côtés de l'Unicef contre la faim dans le monde. Le 14 juin, il profite de quarante-huit heures de pause dans son planning pour donner au Parc des Princes le coup d'envoi d'un match amical opposant des personnalités. Les fonds de cette rencontre sont destinés à soutenir l'Unicef, donc, et l'association Plus fort la vie, présidée par son ami Jean-Claude Darmon, qui vient en aide aux enfants déshérités et malades. Y participent Jean-Pierre Castaldi, Paul Belmondo (venu avec sa femme Luana et leurs trois fils), Dominique Rocheteau, Anthony Delon avec une de ses filles, Liv, Pascal Elbé, Patrick Bruel, Jean-Roch, Henri Leconte, Bruno Putzulu, Pierre Sarkozy, Patrick Poivre d'Arvor, Francis Lalanne, Guillaume Durand, Gérard Jugnot, Brahim Asloum et quelques autres. Une somme d'environ cent mille euros est récoltée pour les deux associations. Les traits tirés, Hallyday (qui ne pousse pas l'inconscience jusqu'à participer au match !) porte dans ses bras sa petite dernière, Joy, et aura un long aparté avec son fils David auprès duquel il prend de plus en plus souvent conseil.

Le 15 juin, Hallyday fête ses soixante-six ans au Stresa, un restaurant italien, rue Chambiges, dans le huitième arrondissement de Paris. Le lieu a été privatisé pour l'occasion. Laeticia a lancé une vingtaine d'invitations triées sur le volet. Johnny ne veut voir que des intimes... ou presque. Répondent présents Yves Rénier et son épouse Carine, le prince Emmanuel de Savoie et Clotilde Coureau, Paul et Luana Belmondo (marraine de Jade), Mathilde Seigner et son compagnon, le photographe Daniel Angeli et son épouse, l'attachée de presse Nicole Sonneville, l'amie de toujours, Jean-Claude Darmon et sa compagne, et quelques autres... Clou de la soirée, l'apparition surprise d'Alain Delon et la visite de Rachida Dati, ministre de la Justice pour quelques jours encore et qui ne rate pas une occasion de figurer sur une photo people. La famille, bien sûr, n'est pas en reste. David est présent, accompagné de sa seconde épouse Alexandra et de son ex, Estelle Lefébure, venue avec leurs filles Ilona et Emma. Une grande table en U a été dressée. Selon plusieurs témoins, Johnny est ce soir-là d'excellente humeur. Au moment de souffler ses bougies, il reçoit de Laeticia une paire de santiags noires confectionnées sur mesure, une veste Dolce & Gabbana de Jean-Claude Darmon et une dizaine d'autres cadeaux personnalisés.

Dès le lendemain, la tournée repart. Nantes, Bordeaux, Lyon…

Le 25 juin, la mort brutale de Michael Jackson secoue la planète et le monde du rock. A priori, peu de rapport entre cette star internationale souffreteuse, ravagée par la chirurgie esthétique, mi-homme, mi-femme, mi-noir, mi-blanc, vivant reclus, coupé du monde, s'alimentant essentiellement de pilules depuis plusieurs années, et notre Johnny. Peu de rapport ? Voire. Michael Jackson préparait une tournée mondiale qu'il n'était à l'évidence pas en état d'assumer…

À ce moment-là, on ignore que la mort du roi de la pop va avoir des répercussions inattendues sur le Tour 66.

Le 5 juillet 2009, le couple Hallyday baptise sa seconde fille Joy dans son chalet de Gstaad, entouré de ses amis. Deux jours après, les concerts reprennent. Béziers, Marseille…

Le 14 du même mois, pour la deuxième fois de sa carrière, Johnny chante sous la tour Eiffel au terme d'une tractation controversée avec l'Élysée (nous y reviendrons) qui choisit un exilé fiscal, ami du président de la République, pour célébrer la fête nationale. L'affaire fera grincer les dents. Mais Johnny n'est-il pas, où qu'il réside, une institution française au même titre que la tour Eiffel ?

Puis c'est la dernière ligne droite avec une série de cinq concerts donnés à Monaco les 18, 19, 21, 22 et 23 juillet. Monaco où les ennuis vont commencer dès le 24, avec une chute sur le bateau loué par la star pour quelques jours. Une chute qui entraînera une hospitalisation et une cascade de catastrophes.

Au total, à ce jour, trente et une dates de concerts, rémunérées pour l'artiste à hauteur de deux cent mille euros par soirée, ont été assurées vaille que vaille. Si la tournée s'était arrêtée là, comme c'était initialement prévu, Johnny et son producteur auraient pu commencer à rêver d'une paisible retraite.

L'histoire va s'écrire autrement.

– 3 –

L'effet Jackson

15 septembre 2009, le journaliste Franck Ragaine couvre, pour l'hebdomadaire *Télé Star*, le Festival international du film de Toronto. Arrivé quarante-huit heures plus tôt de Los Angeles, le correspondant permanent du magazine aux USA (il est aussi celui de *Télé Poche*, propriété comme *Télé Star* du groupe Mondadori) a un planning chargé : visionnage des films en compétition et interviews des stars présentes le jour, décryptage des entretiens la nuit, pour les envoyer au plus vite au journal. Un rythme épuisant mais il a l'habitude.

Ce Français installé dans la Cité des anges depuis une quinzaine d'années connaît par cœur le monde de la télé et du cinéma outre-Atlantique. Fin connaisseur des séries américaines, il a ses entrées partout, assiste à tous les *press junkets* – ces raouts organisés par les majors pour le lancement d'un film, d'une série ou d'un album, au cours desquels les artistes accordent des interviews à la chaîne – et a dans le répertoire de son portable la ligne directe des agents les plus influents d'Hollywood.

Considéré comme l'un des plus importants festivals du monde, Toronto accueille chaque année les plus grandes stars du cinéma américain, qui viennent effectuer en quelques heures une promotion marathon. Pas d'improvisation et peu de surprises : les rendez-vous sont calés avec les agents ou les attachés de presse plusieurs semaines à l'avance. Pour espérer s'entretenir quinze minutes avec Leonardo DiCaprio ou Julia Roberts, chaque support doit préciser la place qu'il compte leur accorder dans ses colonnes. Sont prioritaires les magazines à fort tirage ou ceux dont l'image est jugée valorisante. Mais aussi ceux qui s'engagent (par écrit) à faire une couverture, puis six pages, puis quatre et ainsi de suite. Une fois le rendez-vous obtenu, de nouvelles conditions sont posées. L'entretien doit être axé principalement sur le film. Si la star sort d'une rupture ou d'un divorce, les questions sur la vie privée sont proscrites. Parfois, il faut même s'engager par écrit à respecter le cadre très précis imposé pour les entretiens.

Le jour J, le journaliste est prié de se présenter à l'heure exacte. S'il est en retard, son temps d'interview sera écourté car d'autres attendent leur tour et il n'est pas question de chambouler le programme. Sa majesté l'artiste reçoit le plus souvent dans une suite d'hôtel, entourée de cerbères, généralement un ou deux attachés de presse chargés de veiller à ce que l'entretien ne sorte pas des rails. Au cours de la journée, un acteur en promotion peut ainsi répéter (parfois au mot près) cinquante fois les mêmes réponses et se fendre cinquante fois de la même blague ou du même jeu de mots en faisant mine de rire de bon cœur. George Clooney est ainsi connu pour exceller en matière de phrases qui font mouche et donner l'impression d'être votre meilleur copain pendant quelques minutes. Les journalistes, subjugués, se disent que ce type est décidément très sympa et très spontané… alors que tout a été minutieusement préparé. Par ailleurs, la règle est la même pour tous : cinq minutes avant la fin de l'interview, l'attaché(e) de presse signale que le compte à rebours a commencé et à l'heure dite, le reporter est prié de débarrasser le plancher pour laisser sa place encore chaude au suivant. Dans ce contexte, décrocher un scoop relève de la mission impossible.

Franck Ragaine, l'envoyé spécial de *Télé Star,* connaît tout cela par cœur. Malgré les lourdeurs du système, il aime son métier et contrairement à d'autres, il n'est ni blasé ni résigné. Son planning d'entretiens est bien rempli mais quelques jours avant de quitter Los Angeles, il demande, à tout hasard, une interview de Johnny dont la présence à Toronto a été confirmée. Ce dernier vient présenter le film de Johnny To, dans lequel il incarne un policier amnésique déterminé à venger la mort de sa fille. Certes, le chanteur s'est déjà beaucoup exprimé sur le sujet lors du précédent Festival de Cannes, mais une interview de Johnny, c'est toujours bon à prendre. D'ailleurs, après quelques jours de palabres, l'attaché de presse du film,

Lucius Barre, lui confirme par mail que sa demande est acceptée. Le rendez-vous est fixé le mardi 15 septembre à 18 heures à l'hôtel Four Seasons de Toronto.

Malgré cet accord de principe, l'envoyé spécial de *Télé Star* décide de ne pas dire tout de suite au magazine qu'il a obtenu un entretien avec la star française. On ne sait jamais, si Johnny annule, n'arrive pas à temps, change d'avis… Dans l'avion qui le conduit au Canada, il se dit que si l'interview a lieu ce sera une bonne surprise, sinon tant pis.

Ce 15 septembre 2009, donc, Franck Ragaine se présente un peu avant 10 heures à l'entrée du Four Seasons. Mais les choses ne se passent pas tout à fait comme prévu. L'attaché de presse du film est sur les dents. Johnny est fatigué en raison du décalage horaire, les interviews ont pris du retard, et celle de *Télé Star* a été rayée du programme. Le correspondant proteste. Pourquoi n'a-t-il pas été prévenu ? Il ne se serait pas déplacé pour rien. Discussions, palabres… En réalité, l'attaché de presse lui a bien laissé un message sur son portable, mais il ne l'a pas entendu. Maintenant qu'il est là, le reporter insiste pour parler quelques minutes à Johnny et refuse de partir. Finalement, tout s'arrange. Un créneau d'une dizaine de minutes est dégagé, juste après le journaliste du *San Francisco Chronicle*.

— Dix minutes, pas plus, OK? insiste l'attaché de presse.

Banco !

Le lendemain, 16 septembre, un peu avant 11 heures, en arrivant à France Inter où elle participe à l'émission «Le Fou du roi», la directrice de la rédaction de *Télé Star* reçoit un appel du chef des informations du journal.

— Johnny a eu un cancer du côlon, il nous l'a révélé hier en interview.

La nouvelle est à peine crédible. Pendant toute la période estivale, les supputations sur la santé de Johnny n'ont cessé d'alimenter les magazines people. Officiellement, sept mois après sa chute à Hong Kong, le chanteur s'était (encore) démis une hanche en glissant sur son bateau, le fameux yacht loué pour quelques jours, le 24 juillet, au lendemain des cinq concerts à Monaco qui clôturaient la première partie de sa tournée. Après trente et une représentations données à travers la France, les vacances pouvaient enfin commencer pour le rocker. Cette trêve était d'autant plus attendue par l'intéressé qu'il souffrait du dos, on l'a vu, comme un damné. Au moment où il trébuche et s'affale sur le ponton de son bateau, il n'est donc en vacances que depuis quelques heures. Rappelons que Johnny vit depuis plusieurs années avec une prothèse à chaque hanche, et ce n'est pas la première fois, ni même la deuxième, que l'une d'entre elles se démet. Tout cela prend donc une tournure très banale au départ. La suite des événements sera pourtant dramatique.

Récit d'un été cauchemardesque.

*
* *

Après sa chute, survenue en fin de journée, Hallyday est transporté à la clinique de Mougins pour qu'on replace sa hanche et qu'il subisse quelques examens. Informés par obligation contractuelle de la chute du chanteur, les assureurs de la tournée décident de prendre toutes leurs précautions. Alertés (toujours contractuellement) depuis plusieurs semaines par les souffrances chroniques de Johnny, par son état de fatigue et par les excès de sa vie de rocker, ils demandent un check-up complet. Ce n'est pas la première fois qu'une telle requête est formulée. Début juillet, ils avaient déjà demandé au chanteur de se soumettre à une série d'examens médicaux. Celui-ci avait alors refusé.

Johnny, ils le savent, est un artiste « à risques ». Un Titan qui a tiré sur la corde depuis cinquante ans, et dont le corps est usé par les excès. Un corps qui désormais le lâche à tout bout de champ. Quand Johnny le maltraite trop, il n'encaisse plus, il s'effondre. Comme à Hong Kong fin 2008, comme sur le bateau en cette fin juillet. Si la star sait donner le change sur scène, dans la vie, l'homme est épuisé. « Au bout du rouleau », assurent certains proches, en aparté.

Cette inquiétude subite des assurances ne doit cependant rien au hasard. Un mois plus tôt, le 25 juin, de l'autre côté de l'Atlantique, un autre artiste « à risques », épuisé lui aussi par des excès en tout genre, en est mort. Michael Jackson, qui préparait son retour sur scène avec une tournée mondiale et monumentale, laisse une ardoise terrifiante à ses débiteurs et… à ses assureurs. Des engagements signés, des salles bloquées, des billets pré-vendus, des produits dérivés en cours de fabrication, un staff de plusieurs centaines de personnes qu'il va falloir payer et rembourser. Les sommes en jeu sont énormes. Le pire cauchemar des compagnies d'assurances.

Quand il apprend qu'il doit subir un check-up, Johnny est furieux. Dans un premier temps, il refuse une nouvelle fois d'obtempérer. Rester alité ce n'est pas son fort, et durant l'été, alors qu'il commence à peine ses vacances, c'est hors de question. Il veut quitter au plus vite la clinique de Mougins, rejoindre sa femme sur leur somptueux yacht et s'envoler ensuite vers Saint-Barth. Incorrigible… Pendant plusieurs heures, c'est le bras de fer avec ses proches, et il faudra l'intervention de Jean-Claude Camus pour lui faire entendre raison : ne pas obéir, c'est laisser penser que l'on cache quelque chose. Les assurances pourraient décider de ne plus couvrir la tournée, ou d'augmenter considérablement le prix de leurs garanties, ce qui est inenvisageable.

Johnny n'a pas le choix, il cède.

Depuis Mougins, l'« exfiltration » vers Paris sera un succès. Aucun des nombreux paparazzi présents dans le Sud n'a vent de l'information. Grâce à l'avion privé de Jean-Claude Darmon, la star est transférée dans le plus grand secret vers la clinique Monceau, où elle subit un check-up et une batterie d'examens dont un scanner et une IRM. C'est au cours de ces analyses que les médecins découvrent un polype situé sur le côlon. À ce stade, tout est encore sous contrôle. Les médecins rassurent Laeticia et Jean-Claude Camus : les polypes sont souvent bénins, il n'y a pas lieu de s'inquiéter. Johnny est alors transporté à l'hôpital Américain de Neuilly afin d'y être opéré. Pour ne pas l'affoler, personne ne l'informe à ce moment-là qu'un polype est susceptible d'être cancéreux. Néanmoins, sa fatigue évidente inquiète. C'est un homme en état de faiblesse qui arrive dans l'établissement hospitalier pour y subir, en théorie, une opération bénigne. Celle-ci sera réalisée par un chirurgien expérimenté, le docteur Philippe Ngo, d'origine vietnamienne comme ses filles, ce qui rassurera Johnny qui y verra un signe positif.

Mais cette intervention « classique » va rapidement se révéler plus compliquée que prévu. Ce que personne n'a su, c'est que Johnny a réellement frôlé la mort au début du mois d'août 2009.

Une fois examiné, le patient Hallyday se révèle en bien plus mauvais état que l'on ne le pensait. Au point que les médecins en restent pantois. « Comment résiste-t-il ? » s'interrogent-ils à haute voix devant une Laeticia littéralement paniquée.

Les praticiens décident finalement d'intervenir de façon radicale pour tenter de remettre « la tuyauterie à neuf ». Le polype (qui se révèlera cancéreux) est enlevé.

Opération des plus classiques, mais les ennuis ne s'arrêtent pas là. Les événements vont prendre un tour dramatique et conduire Johnny aux frontières de la vie. Les faits qui suivent, vérifiés et recoupés auprès de différents proches du chanteur, n'ont jusque-là pas été portés à la connaissance du public.

Début août, quelques heures après l'opération, une infection se déclenche. Alors que des communiqués rassurants sont distillés aux médias par l'attachée de presse personnelle de Johnny pour justifier la prolongation de son séjour à l'hôpital, on passe près de la catastrophe en coulisses. Considérablement affaibli, l'organisme d'Hallyday encaisse mal ce nouveau choc. Son état « échappe » aux praticiens et se dégrade brutalement. La température monte en flèche. Dans les couloirs de l'hôpital, c'est l'affolement. Les injections massives d'antibiotiques tardent à produire leur effet. Impossible de faire baisser la fièvre. Au point que les médecins réserveront leur pronostic durant plusieurs heures, craignant que l'état de faiblesse de leur patient n'entraîne des complications plus graves. Pour l'aider à supporter le traitement, et avec l'accord de sa famille, on plonge Johnny dans un coma artificiel. Il y restera plusieurs heures. C'est ainsi qu'au cœur de l'été 2009, Laeticia, David, Laura (présents à l'hôpital) et quelques proches sont prévenus : tout est à craindre. Y compris le pire.

Une nuit d'angoisse commence. Et c'est seulement à l'aube que les doses massives d'antibiotiques gagneront la partie et feront enfin baisser la fièvre.

La sensible et émotive Laeticia tiendra le choc, mais confirmera plus tard lors de différentes interviews avoir eu très, très peur. « Durant quarante-huit heures, on s'est beaucoup inquiétés », déclarera-t-elle. Doux euphémisme.

Pendant ces journées sombres, alors que des rumeurs alarmantes circulaient, l'entourage a persisté dans sa communication « black out ». Circulez, il n'y a rien à voir ! Cette gestion approximative de la crise va alimenter toutes les supputations sur l'état de Johnny au lieu de les calmer. Et ce silence radio produira l'effet inverse de celui qui était escompté. Durant l'été, toutes les gazettes et tous les sites people ne parlent que de la santé de Johnny. Le 5 août, un entrefilet du *New York Post* laisse entendre que le « Elvis français » a été opéré d'un cancer du côlon. Une information que personne ne relaiera en France à l'exception de quelques sites Internet. Ces derniers éviteront d'ailleurs soigneusement d'écrire le mot « cancer ».

Et voilà que soudain, au détour d'une interview, Johnny révèle, le plus naturellement du monde, ce que tant de personnes s'échinent à cacher !

*
* *

Pourtant cette révélation laisse la rédaction de *Télé Star* dubitative. Pourquoi cet aveu ? Pourquoi maintenant ? Et pourquoi à un magazine télé ?

Sans doute parce que Johnny est comme ça. Il dit les choses sans se soucier des conséquences. Sans gêne, sans fard. L'homme est cash.

Aussitôt, au journal, une décision est prise : rester calme, ne rien faire, ne rien dire et attendre. Interdiction absolue de parler à quiconque de l'interview. La direction de l'hebdomadaire demande qu'une copie de l'entretien soit réalisée et envoyée le plus rapidement possible à la rédaction à Paris. Comme on n'est jamais assez prudent, elle fait enregistrer le jour même l'entretien. De Los Angeles, Franck Ragaine fait donc écouter son interview au rédacteur en chef adjoint qui le fixe sur son iPhone.

Le correspondant raconte aussi les conditions dans lesquelles s'est déroulée cette aventure. Durant l'interview précédente avec le *San Francisco Chronicle*, l'agent américain de Johnny est resté à ses côtés ainsi que Lucius Barre. Lorsque l'envoyé spécial de *Télé Star* pénètre dans la pièce, le premier en sort pour prendre un appel (et ne revient pas) et le second s'absente également (et reste finalement dans la pièce adjacente). Fait rarissime, l'artiste est donc seul en tête à tête avec le journaliste. Personne n'est auprès de lui pour contrôler ses propos. C'est durant ce laps de temps qu'il fera sa fameuse confidence sur son cancer.

Précision : durant cette journée de promotion, Johnny s'exprime en anglais ou bien ses propos sont traduits. Heureux de rencontrer un compatriote, il parle en français pour la première fois de la journée. Est-ce pour cela qu'il s'est confié aussi spontanément ? S'ils avaient été présents, les deux cerbères anglophones auraient-ils été en mesure de comprendre ce qui se disait dans la langue de Molière et d'interrompre la conversation ? Rien n'est moins sûr.

Deux hypothèses sont envisagées par l'équipe de *Télé Star*. La première : Johnny a décidé de changer de stratégie et de dire la vérité sur sa santé, une attitude qui lui ressemble, car il n'a jamais rien caché à son public depuis ses débuts. Dans ce cas, il est probable que le magazine télé n'est pas le seul auquel il s'est confié. Selon toute vraisemblance, la nouvelle sortira alors dans le prochain *Paris Match* ou dans *Le Parisien*.

Deuxième hypothèse : le chanteur va réaliser qu'il est allé sans doute un peu trop loin dans la confidence et alerter son avocat qui adressera une mise en demeure au magazine pour lui interdire de publier l'interview au nom du respect de la vie privée.

En attendant d'en savoir plus, discrétion absolue.

Durant la journée du jeudi 17 septembre, aucune nouvelle de l'entourage de Johnny, aucun signe de son attachée de presse, aucune lettre d'avocat. Cela fait quarante-huit heures que l'interview a eu lieu. Cette fois, on décide de la publier. Le service juridique du groupe Mondadori est consulté, afin d'évaluer les risques d'une telle information. Pour être inattaquable, explique celui-ci, le journal doit produire une preuve de ce qu'il révèle (un enregistrement de l'entretien), mais aussi établir que la star savait qu'elle était enregistrée, autrement dit qu'elle n'a pas été piégée. Franck Ragaine transmet donc à la rédaction ses échanges de mails avec l'agent et l'attaché de presse du film (preuve que l'interview était planifiée et acceptée). De son côté, l'équipe de *Télé Star* réécoute plusieurs fois la bande afin de vérifier que Johnny avait conscience d'être enregistré (le réglage du magnétophone en sa présence, parfaitement audible, ne laisse aucun doute sur ce point).

Forte de ces assurances, la direction du journal prend alors la décision d'avancer de quarante-huit heures la date de bouclage et la parution du magazine. De la sorte, si Johnny s'est exprimé ailleurs et si ses révélations paraissent chez les concurrents, la une de *Télé Star* sera moins datée. Le journal est bouclé en grand secret et des consignes de discrétion sont données à toutes les étapes de la fabrication.

Le ton du papier est volontairement rassurant pour coller aux propos de Johnny Hallyday et l'interview est retranscrite au mot près. Hallyday explique qu'il doit sa vie à Michael Jackson, puisque c'est à la suite de son décès que les assurances ont demandé un check-up. Et il rassure ses fans : si l'alerte a été chaude, aujourd'hui, il va bien et il est guéri. L'entretien s'achève.

La publication d'une information aussi sensible nécessite encore d'autres précautions. En France, les règles de protection de la vie privée sont plus strictes que dans les pays anglo-saxons. La révélation de la maladie d'une personnalité sans son accord peut conduire à un retrait de vente et à des dommages et intérêts. Si les journaux people ont intégré ce risque dans leur budget et leur mode de fonctionnement, rien de tel dans un magazine télé qui s'adresse à une cible familiale et dont la ligne éditoriale ne franchit pas le domaine réservé de la vie privée sans l'autorisation des artistes. La rédaction sait bien qu'une fois le magazine en vente, Virginie Lapp, l'avocate de la star, demandera à vérifier les dires de Johnny et donc à écouter l'interview pour décider d'attaquer ou non. Mais le dossier étant « béton », l'hebdomadaire s'estime paré pour répondre à toute attaque et éviter tout risque de retrait de vente. Néanmoins, avant d'envoyer définitivement le journal à l'imprimerie, afin de corroborer l'information, on décide de procéder à une dernière vérification en contactant un intime de la star pour en avoir le cœur net. Un membre de la rédaction joint, à l'étranger, ce proche du couple Hallyday, sous un faux prétexte. Il lui explique que son père souffre d'un problème au côlon et voudrait connaître le nom du médecin qui a opéré Johnny « puisque tout le monde sait qu'il a eu un cancer du côlon ». Bingo ! Non seulement l'ami du couple ne dément pas l'information, mais il la confirme, avant d'ajouter en soupirant « et encore, ça a failli être bien pire ». Tiens…

Le journal est envoyé à l'imprimerie le lundi 21 septembre. À partir de là tout s'accélère. Une imprimerie n'étant pas un lieu de confidentialité, l'info commence à « fuiter ». Dès le mercredi 23 septembre, huit jours après l'interview, alors que le magazine est encore sous les rotatives, l'attachée de presse de Johnny appelle à plusieurs reprises la rédaction. L'assistante filtre et la rédaction ne réagit pas. Le jeudi 24, quarante-huit heures avant la sortie du magazine, Virginie Lapp, l'avocate de Johnny Hallyday, adresse une mise en demeure demandant expressément à *Télé Star* de ne pas publier d'informations concernant la santé du chanteur. Elle signale les « lourdes conséquences sur son activité professionnelle et la tournée en cours, d'un point de vue médiatique et économique » que pourrait occasionner la divulgation d'une telle information. Enfin, plus surprenant pour la rédaction, elle ajoute « qu'à aucun moment, et sous quelque forme que ce soit, il [Johnny] n'a donné de renseignements ni d'interview à quiconque sur son état de santé, lequel relève exclusivement de sa vie privée ».

Cette dernière phrase plonge *Télé Star* et son service juridique dans la perplexité. Visiblement, Johnny n'a pas prévenu son staff français de son interview. Est-ce de la mauvaise foi ? Une gaffe ?

Pour l'heure, ce 23 septembre, les mises en garde de l'avocate contraignent le magazine à préparer une riposte. Il devient urgent de réagir et de faire savoir à l'entourage de Johnny que ce dernier a bien accordé une interview à *Télé Star* et d'en préciser, par voie de presse, le cadre. Il est donc décidé que la direction de l'hebdomadaire prendra la parole dans les médias le lendemain pour mettre les choses au point. Dans l'intervalle, aucune réponse n'est adressée à l'avocate. Parmi les proches de Johnny, la pression monte. Personne ne sait ce que contient précisément le magazine et l'on commence à s'inquiéter. La rédaction, elle, est assaillie de coups de fil de toutes les télés, de toutes les radios, des sites d'information... Tout le monde veut savoir ce que dit Johnny. D'autres appels, probablement téléguidés par l'entourage de la star, laissent entendre que le magazine a été piégé, que c'est un tissu de mensonges, que Johnny va faire saisir les exemplaires imprimés... Tout est bon pour essayer de déstabiliser le journal et pour essayer de savoir ce que contient cette fameuse interview.

Le lendemain, la directrice de la rédaction de *Télé Star* s'exprime sur RTL et Canal + pour confirmer la rumeur. Oui, reconnaît-elle, le magazine révèle le cancer de Johnny, mais l'information vient de l'artiste lui-même. Elle détaille le jour, l'heure et le lieu de l'interview, explique qu'il s'agissait d'une journée de promotion et précise enfin que le tout a été enregistré et est donc incontestable. Cette communication déchaîne les médias, mais a surtout pour vertu de stopper net (c'était le but) toute velléité d'action en justice à l'encontre du magazine. D'ailleurs aucune plainte ne sera déposée contre *Télé Star*. Personne ne demandera à écouter la fameuse bande, à l'exception de Marc-Olivier Fogiel qui souhaitait diffuser le document sonore sur Europe 1. Ce que lui refusera la rédaction. L'information fera l'ouverture de tous les journaux radio et télé, et sera reprise sur des centaines de sites Internet. La santé de Johnny inquiète même largement au-delà de nos frontières puisqu'un journaliste pékinois contactera la rédaction en vue de rendre compte de l'état de santé du chanteur français.

Dès la nouvelle connue, Jean-Claude Camus s'étrangle. Le planning de Johnny à Toronto est vérifié, et ce dernier finit par admettre qu'il a bien révélé sa maladie au cours de l'interview. Dont acte.

Car en réalité, et contrairement à ce qui a été écrit ensuite, il ne s'agit pas d'une gaffe, mais bel et bien d'un aveu délibéré du chanteur. Un membre de l'entourage de la star qui a suivi toute l'affaire nous a confié, lors des entretiens préparatoires de cet ouvrage, que Johnny Hallyday, contrairement à ses proches et notamment à Jean-Claude Camus, voulait dès le départ parler de son cancer. Face à la crainte du producteur quant à l'impact d'une telle information sur le grand public et sur la tournée, il aurait tout simplement attendu d'être seul au Canada pour faire comme il l'entendait.

Fin septembre, c'est donc toute la stratégie du secret mise en place depuis l'hospitalisation de Johnny qui s'effondre. Et avec elle, l'écheveau des déclarations en trompe-l'œil soigneusement tissées afin de masquer la réalité de son état de santé.

Quelques jours plus tard, Laeticia elle-même confirmera la nouvelle dans une interview accordée à *Paris Match* fin octobre, puis à *Elle*, fin novembre. Elle expliquera que Johnny « a été en danger pendant quarante-huit heures ». À Véronique Dokan, du même *Paris Match*, elle répète presque mot pour mot ce que le chanteur a confié à *Télé Star* : « *... Et puis Michael Jackson disparaît et les assurances s'affolent. Elles réclament un check-up complet avant la tournée d'hiver. Rien d'anormal à cela, quand on sait les sommes colossales engagées sur de tels spectacles. Bref, Johnny va chez le médecin, confiant. Et on apprend qu'il a un cancer du côlon. Il faut opérer sans attendre.* »

Sur l'état d'esprit de Johnny durant cette période, elle précise : « *Il ne montre pas sa peur. Mais elle a été là. Elle l'a envahi aussi. C'est une période bien difficile qu'il a eu à traverser.* »

L'interview accordée au magazine *Elle* par l'épouse du chanteur s'est déroulée, elle, le 27 novembre 2009 à leur domicile de Marnes-la-Coquette. Détail amusant, lorsque la journaliste arrive sur les lieux en milieu d'après-midi, Laeticia lui explique que ses enfants sont à Los Angeles et que son mari, « hospitalisé pour une hernie discale », ne rentrera que dans la soirée ». Nous sommes au lendemain de l'opération pratiquée à la clinique Monceau par Stéphane Delajoux. Mais l'interview a commencé depuis à peine quelques minutes lorsque la silhouette de Johnny se profile dans la pièce. Il est sorti plus tôt que prévu de la clinique, sans autorisation médicale, pour rentrer chez lui accompagné de son chauffeur. Il marche lentement et semble fatigué, raconte la journaliste dans son article. Après de tendres effusions avec son mari, Laeticia lui demande s'il n'a « pas oublié les Tupperware (dans lesquels elle lui apporte des plats qu'elle cuisine spécialement pour lui) à la clinique... » et Johnny de répondre :

— Ben oui, j'ai rapporté les Tupperware.

La scène est touchante. Elle montre que, contrairement aux rumeurs qui font état d'une mésentente dans le couple, ce dernier est uni. Mais, plus ennuyeux pour Johnny, la journaliste est également témoin de son retour prématuré. Voilà qui accréditera la thèse de l'imprudence et de la négligence du chanteur qui a quitté la clinique Monceau sans l'autorisation de Stéphane Delajoux.

Quelques jours plus tard, il s'envole pour Los Angeles.

*
* *

À la fin de l'été pourtant, quelques jours après l'interview choc publiée par *Télé Star*, Johnny semblait aller mieux. Le samedi 19 et le dimanche 20 septembre 2009, il est même venu chanter avec Sylvie Vartan qui se produisait à l'Olympia. Une apparition surprise, non prévue à l'origine, et qui a enchanté le public. Elle a été rendue possible par l'annulation du concert à la Réunion à cause de l'épidémie de grippe A, l'assurance ne couvrant pas les risques liés au virus H1N1. Sylvie Vartan a été informée dès le mois d'août de la maladie de son ex-mari. En pareil cas, comme cela se produit souvent dans les familles touchées par un événement grave, les liens se resserrent. Pour soutenir Johnny et Laeticia, Sylvie est venue passer quelques jours de vacances dans leur maison de Saint-Barth avec son mari Tony Scotti fin août. Tous ensemble, ils ont fêté les soixante-cinq ans de Sylvie.

Johnny a été très touché par la sollicitude de son ex-femme, avec laquelle il a toujours gardé d'excellentes relations. Il a donc profité de cette annulation pour accepter sa proposition de la rejoindre sur la scène de l'Olympia. Juste retour des choses puisque, rappelons-le, cette dernière était venue chanter au Stade de France fin mai avec David. La boucle est bouclée.

Lors de la deuxième partie du spectacle, Johnny et Sylvie, tous deux en smoking, ont fait leur entrée dès le lever de rideau sur la scène de l'Olympia pour interpréter en duo *L'Hymne à l'amour* et *Non, je ne regrette rien* d'Édith Piaf.

« Il a été parfait, raconte un témoin. Il est arrivé chaque fois à l'heure, plutôt en forme et visiblement heureux de faire plaisir à Sylvie. Il ne semblait pas malade, à part ses problèmes de dos. »

– 4 –

Le syndrome du Concorde

Dès sa parution dans *Télé Star*, la révélation de la maladie de Johnny Hallyday provoque un coup de tonnerre. L'information est reprise dans tous les médias. Les journaux de 13 heures et de 20 heures des grandes chaînes ouvrent avec l'affaire du « petit cancer de Johnny ». Les langues se délient, les articles se multiplient, mais au grand soulagement des proches, personne n'évoque le coma dans lequel le chanteur a été plongé quelques heures. Pour l'équipe de Camus, c'est un moindre mal. Même s'il faut maintenant gérer un invraisemblable capharnaüm médiatique et tenter de reprendre la main. Si personne ne dément l'information de *Télé Star*, la consigne est claire, faire passer le message : Johnny va bien, tout est rentré dans l'ordre. Lors de la reprise de la tournée à Lille le 25 septembre, Jean-Claude Camus s'égosille en coulisses devant ceux qui l'interrogent

— Un problème ? Quel problème ? Regardez l'artiste ! Il est en pleine forme !

Mais Camus est-il encore crédible ? Lui-même ne semble pas réellement convaincu par ses propres dires. Et pour cause.

Beaucoup d'amis assistent ce soir-là au concert lillois. Plusieurs potes de Johnny, heureux de le retrouver, ont fait le déplacement pour le voir enfin, lui parler. Tous sont frappés par une chose : Hallyday est très, très fatigué. Il ne bouge quasiment pas, tant sa jambe est raide, tant il semble souffrir.

« Il avait les traits tirés, ce n'était pas la joie. On est tous repartis un peu inquiets », nous confiera un membre de l'équipe de production de la pub Optic 2000 qui avait travaillé avec lui à Shanghai.

« Il n'avait pas la même pêche que d'habitude. Lorsqu'il est en forme, Johnny est un homme qui a beaucoup d'humour et d'autodérision sur lui-même. Là, il était atone, presque sinistre », confirmera un autre.

D'ailleurs quatre jours après Lille, le 29 septembre, le premier des cinq concerts prévus à Bruxelles est annulé. Officiellement pour une extinction de voix. Mais il y a aussi, ces jours-là, des douleurs tellement insupportables que rien ne peut calmer Johnny. Deux jours plus tôt à Nancy, on était déjà passé tout près de l'annulation. Décidément rien ne va plus. De plus en plus inquiet, son entourage décide néanmoins de cacher une nouvelle fois l'état réel de la vedette. Trop de pression, trop d'enjeux. Approximative, improvisée au jour le jour, au gré des événements, la gestion de la crise se révèle médiocre.

C'est à cette période que des tensions particulièrement fortes apparaissent entre Camus et le chanteur. Selon les témoignages convergents de plusieurs proches, ce dernier n'aurait pas été immédiatement informé de l'ajout de dates de concerts supplémentaires. Ou plus exactement, s'il en a bien été informé, ce n'était pas de façon précise. Au départ, rappelons-le, cette tournée d'adieux, annoncée en grande pompe le 6 octobre 2008 lors d'une conférence conjointe de la star et de son producteur au nouveau Zénith de Saint-Étienne, était programmée pour s'achever le 23 juillet 2009 à Monaco. À cette époque, il était vaguement prévu d'ajouter deux ou trois dates événementielles, histoire de prolonger le plaisir, dont un concert à Madagascar au profit de l'Unicef (qui n'aura finalement pas lieu). Un marathon constitué tout de même d'une trentaine de dates. Pas mal pour un homme de soixante-six ans. Jusque-là, Hallyday et son producteur étaient à peu près d'accord.

Mais devant l'affluence des réservations et les dates *sold out* en quelques heures, Camus décide de répondre à l'engouement du public. De tous les points de vente en France lui remontent des scènes de bousculade pour acheter les billets de cette fameuse tournée. Les revendeurs réclament des concerts supplémentaires, les salles de concerts aussi. Après tout, en cette période de crise, les artistes qui remplissent les arènes ne sont pas si nombreux. Plus que les albums (largement piratés sur Internet), les tournées sont aujourd'hui ce qui rapporte le plus d'argent aux chanteurs. De plus en plus souvent, les sociétés organisatrices de spectacles sont rachetées par les maisons de disques, soucieuses de se saisir d'une source de profit importante et susceptible de compenser leur manque à gagner sur les ventes. Tout le monde a donc intérêt à faire tourner la cash machine Johnny. Comment résister à l'attrait de cette dernière manne ?

À soixante-dix ans, pour Camus aussi la sortie est proche. Cette dernière tournée, il veut en faire son chef-d'œuvre. Même s'il a dans son écurie des vedettes montantes de la chanson, comme Christophe Maé, il sait que la gloire est capricieuse et qu'il suffit d'un album raté, d'un concert à moitié vide, pour plomber définitivement la carrière d'un artiste. Aucun risque de ce genre avec Hallyday, alors autant finir de façon magistrale. Jean-Claude Camus – qui a cédé sa société à Warner, mais en gardant pour lui un contrat spécifique pour les tournées de son chanteur vedette – va allonger la liste des concerts. Soixante dates supplémentaires sont signées ! C'est trois fois plus que ce qui était initialement prévu. Si ces concerts, épinglés les uns aux autres, avaient au début de la tournée l'allure d'une promenade de santé, une fois la mule chargée c'est une autre affaire. Quand il l'apprend, Johnny lui-même est partagé entre la joie – il est flatté de constater que sa popularité est intacte – et le doute. Tiendra-t-il ce rythme effrayant? Laeticia s'inquiète aussi. Elle est assurément l'une des mieux placées pour juger de l'état de son mari et de sa capacité de résistance. Voilà des années qu'elle gère les hauts et les bas, quinze ans qu'elle tient à jour son carnet de santé et qu'elle cautérise ses plaies à l'âme. Pour vivre avec lui au quotidien et partager son intimité, elle sait ce qu'il est capable ou non d'assumer. Elle sait aussi mieux que quiconque ce qu'il n'est plus capable de faire…

Le 29 septembre, soir de l'annulation du concert de Bruxelles, tout le monde est conscient que Johnny n'arrivera probablement pas au bout. Laeticia le vit mal. Elle ne voit plus son mari, élève seule ses filles, des rumeurs de séparation courent dans la presse. Pour le couple, le tribut payé à cette tournée est lourd. Impossible pourtant de revenir en arrière et d'arrêter la machine lancée à pleine vitesse. C'est le syndrome du Concorde : il y a le feu, c'est grave, mais il est trop tard pour freiner.

Septembre 2009 est un moment charnière dans la tournée. C'est le point de non-retour. Personne ne se demande plus s'il va y avoir un crash ou pas. On s'interroge juste sur la date à laquelle il surviendra.

*
* *

Contacté à cette période, Stéphane Delajoux propose d'opérer en urgence. Embarras légitime de la production… Cela reviendrait à annuler plusieurs concerts, à se justifier de nouveau auprès des compagnies d'assurances qui exigeraient encore plus de garanties. Il faudrait leur prouver en outre que ces annulations ne sont pas dues

– ce qui est vrai – aux conséquences du cancer, lesquelles ne sont désormais plus couvertes. Trop compliqué. Il faut continuer. Des doses multiples d'antidouleurs et d'anti-inflammatoires viennent s'ajouter à d'autres traitements de cheval. Michael Jackson, sors de mon corps !

Artificiellement soulagé, requinqué pour un tour, Johnny, en bon petit soldat, repart au combat.

Jean-Claude Camus est à cran. Lui aussi sait la fragilité et l'usure du chanteur. Lui aussi a conscience qu'à un moment tout peut casser. Mais comme deux parieurs fous déconnectés de la réalité, Johnny et lui jouent et rejouent encore. Avec le sentiment de l'impunité et la conviction d'avoir une formidable baraka. Durant l'automne 2009, Johnny assurera trente-sept concerts. Un chiffre hallucinant pour un homme aussi diminué, qui sort à peine d'un cancer et d'un coma artificiel provoqué deux mois plus tôt. La star et son producteur ont trop tiré sur la corde. Les antidouleurs puissans, pris sur de longues périodes, ont pour effet secondaire d'altérer les défenses immunitaires de l'organisme. Un problème qui sera lourd de conséquences par la suite.

Le 24 novembre, la tournée 2009 s'achève à Orléans. Soulagé et dopé par la fin imminente de son calvaire, Johnny se donne à fond. Dans quarante-huit heures, il sera opéré à la clinique Monceau par Stéphane Delajoux, et tout redeviendra comme avant, espère-t-il. Il partira se reposer quelques jours à Los Angeles, puis à Saint-Barth, et ira ensuite passer les fêtes à Gstaad.

Le concert terminé, il quitte Orléans et rejoint Paris pour retrouver ses amis au Costes, célèbre restaurant de la rue Saint-Honoré, vers 2 heures du matin. Il y a là Laeticia, Paul Belmondo, Nicole Sonneville, Daniel Angeli, et quelques autres amis… Tout le monde se réjouit que Johnny ait fini ses représentations indemne. Tout le monde boit à sa santé et aux fêtes de Noël qui approchent. Johnny est satisfait de son dernier concert. Jean-Claude Camus n'est pas de la fête. Laeticia n'a pas ravalé sa colère contre lui. Johnny plaisante, taquine Nicole Sonneville, « sa petite sœur » de cœur qu'il adore. Et il est impatient de revoir ses filles restées à Los Angeles. La soirée est gaie. Ce sera la dernière nuit d'insouciance.

Lorsqu'il se présente le jeudi 25 novembre à la clinique Monceau, il ignore encore que tout va basculer.

– 5 –

« ÇA GROUILLE, LÀ-DEDANS ! »

Retour dans les étages du Cedars-Sinai. En poussant leurs premières investigations plus avant, les docteurs Hudson et Sima constatent que l'opération de la hernie discale du 26 novembre 2009, à Paris, a laissé des traces profondes. Si inquiétantes même que les deux médecins déclenchent l'alerte sur-le-champ. Âmes sensibles s'abstenir... Pas besoin d'avoir fait vingt ans de médecine pour constater les dégâts, disent-ils en quittant la chambre de l'artiste après que toutes les radios possibles ont été prises par leurs soins, puis versées au dossier médical. La cicatrice qui barre le bas du dos du patient français n'est plus qu'une plaie béante. Et un examen rapide permet à l'un des deux médecins de lancer sans ambages à son confrère :

— C'est un nid d'infection, ça grouille, là-dedans !

Ils constatent aussi qu'une partie de la racine postérieure du canal rachidien, la Dura, a été endommagée. Pendant le voyage ? Avant ? Impossible à dire. Cependant, en anatomie et en neurologie, ce canal rachidien est considéré comme un point sensible, particulièrement fragile, de l'organisme : un tissu de nerfs que le moindre traumatisme peut transformer en foyer de souffrance et d'infection.

L'autre question qu'ils se posent concerne la présence de cette pièce en métal, de cette petite cale posée par Stéphane Delajoux quelques jours plus tôt à même la colonne vertébrale : une pièce destinée à consolider cette partie du dos de Johnny Hallyday, mais qui pourrait être à l'origine de ses violentes douleurs, sans que cela soit prouvé.

La somme de ces premières observations laisse nos deux hommes pantois. Car pour les deux médecins, il est tout simplement impensable que Johnny Hallyday ait pu venir jusqu'à eux dans un tel état de délabrement sans s'évanouir. Et ils s'étonnent, rétrospectivement, qu'il ait même pu prendre un avion, sachant que durant ce voyage aurait pu se produire un incident grave : ils imaginent, notamment, une fulgurante septicémie, qui l'aurait emporté dans un claquement de doigts.

*
* *

Nous sommes toujours le 7 décembre 2009 et c'est ce jour-là, précisément, qu'éclate ce que l'on a appelé « l'affaire Hallyday », avec cette question déterminante pour la suite des événements : ces ravages, observés à Los Angeles, sont-ils la conséquence directe de l'opération faite à Paris par Stéphane Delajoux et donc le résultat d'un « massacre » opératoire, ainsi que Jean-Claude Camus l'exprimera, publiquement et sans nuances ? Ou cette descente aux enfers est-elle le résultat des folles inconséquences, de l'inconscience du chanteur lui-même, qui aurait dû rester alité, chez lui ou à la clinique du parc Monceau, plusieurs jours durant, avant de penser à reprendre un vol pour les États-Unis ? Deux questions clés auxquelles devront répondre, s'ils le peuvent, les médecins américains et les experts français, au terme de leurs longues investigations.

En tout cas, fini de bricoler et de plaisanter. Après ces constatations, ses médecins intiment à Johnny Hallyday l'ordre de commencer par cesser immédiatement de toucher à la moindre cigarette et à toute espèce de boisson alcoolisée. Dans leur établissement bien sûr, mais aussi hors ses murs. C'est une question de vie ou de mort. Alcool et tabac : deux mots qu'on lui enjoint de barrer définitivement de son vocabulaire, sous peine d'une issue fatale. Voilà qui devrait en principe l'inciter à se rebeller. Mais Johnny, entre les mains de ses deux anges gardiens, n'a plus le choix. Démarre pour lui une partie de quitte ou double : le défi du refus, ou la vie.

Cette sommation du corps médical réveille chez l'intéressé, qui n'est pas véritablement surpris, des inquiétudes assoupies. Voilà des mois qu'il a cruellement conscience de la gravité de son état : dans certains documents, signés de sa main et transmis à la justice, le chanteur écrira d'ailleurs sans détour : « J'ai côtoyé la mort. » S'il n'a rien manifesté, rien montré à ses proches, par pudeur ou négligence, Johnny Hallyday a très vite compris qu'une erreur de plus, une virée de trop, et tout risquait d'être réglé. « Plié », pour l'éternité.

D'ailleurs, pour bien lui prouver qu'il avait en effet frôlé le pire, que cette éclipse avait failli se transformer en trou noir, son fils David, une fois débarqué à son chevet à Los Angeles, a pris des photos : les seuls clichés existants de son père, gisant intubé sur son lit de souffrance. Difficile de nier une telle réalité, tant ces images, qui ressemblent à l'idée qu'on peut se faire de l'antichambre de la mort, sont éloquentes. Johnny les a regardées avec une grimace, engloutissant son inquiétude dans un clin d'œil digne du cow-boy Marlboro, histoire de donner le change. Avant de lâcher cette simple phrase en forme d'aveu :

— Pas terrible... Je crois que je ne suis pas passé très loin.

*
* *

De l'eau et du repos. Encore faut-il qu'il accepte d'écouter : durant toute sa vie, Johnny Hallyday n'a jamais été contraint et le voilà mis d'autorité au régime sec… et tranquille. Et ce pour le restant de ses jours, c'est le message.

D'emblée, ses médecins l'ont compris : ce Johnny-là, qu'ils vont opérer en urgence et dont ils découvrent le caractère, ne sera pas un patient des plus commodes. À peine couché, le voilà d'ailleurs qui leur dit ne plus tenir en place et vouloir sortir au plus vite de leur établissement une fois leur petite révision effectuée. L'idée même de la maladie l'a toujours insupporté jusque-là : des balivernes pour celui qui a longtemps estimé que ces pépins de santé n'étaient que des accidents de parcours, et qu'ils relèvent chez lui d'un simple défaut de vigilance. Même pas peur...

La preuve : quelques semaines plus tôt, dans sa chambre de la clinique Monceau, ses proches l'avaient surpris en train de fumer comme un sapeur, alors qu'il sortait tout juste du bloc opératoire ! Trop occupé à vivre, il avait apporté avec lui une cartouche de blondes, avant d'enfumer la pièce. À ses intimes qui le lui reprochaient, relayant l'inquiétude des médecins qui n'osaient pas franchir le seuil de sa chambre par peur de se faire envoyer valser, ce mystique de la vie avait lancé à la cantonade :

— Je suis Johnny Hallyday et je les emmerde !

Ni la médecine ni les siens ne mettront le nez dans ses affaires.

Ni la mort ?

Mais la vie est un corps. Et les deux *Men in black* du Cedars-Sinai, comme les a baptisés l'un des visiteurs et amis du chanteur, se sont employés à le rappeler à ce patient indocile, décidé à n'en faire qu'à sa tête. Aussi, afin d'améliorer la capacité d'obéissance de ce rebelle notoire, de calmer ses douleurs et d'être en mesure de lui administrer un traitement de choc sans qu'il rechigne ni ne s'agite, les médecins vont-ils prendre la décision, dès le 7 décembre, de le plonger dans un coma artificiel – une longue anesthésie sous sédatifs –, avant de l'opérer.

Et ils ont bien fait ! Car le 10, à peine sorti de la salle d'opération et réveillé de ce coma provoqué, ils ont vu, incrédules, cet éternel rescapé de la vie fredonner quelques notes à ses proches venus le visiter, la mine inquiète, avant de se redresser dans son lit et de lancer à son épouse, Laeticia :

— Alors, on se casse quand, bébé ?

Le soir même, vu l'impatience du patient et la douleur persistante, on le remettait entre les bras de Morphée dans un deuxième coma salvateur.

*

* *

« On se casse quand ? » Une vraie manie chez lui. C'est avec la même hâte qu'il avait en effet quitté la clinique Monceau, quelques semaines plus tôt, sans la moindre gêne, sous les regards réprobateurs des infirmières qui l'avaient vu prendre la poudre d'escampette, avec pour seule bénédiction et bon de sortie… les siens ! La veille encore, il était sur la table d'opération et voilà qu'il prenait le large, clopin-clopant, sans un mot pour les médecins, sans un signe pour les soignants qui le coursaient dans les couloirs. Un vrai sketch.

Ni une ni deux, il avait rejoint en début de soirée sa gentilhommière de Marnes-la-Coquette, puis filé le soir même à la Maison du caviar, à Paris, où il avait dîné en compagnie de Jean Reno.

Et le lendemain soir, fiesta ! Il a appelé quelques potes, dont les Belmondo père et fils, et organisé chez lui une soirée couscous improvisée. Il faut se pincer pour le croire. C'est la fête à Neu-Neu chez Johnny, qui arrose sa sortie au milieu des siens. Blagues de potaches, confidences de lendemain d'opération et razzia sur le minibar : l'artiste revit. Mais au milieu de la nuit, voilà qu'il fait une chute dans l'escalier qui mène à sa chambre. Et pas n'importe quel gadin, puisqu'il provoque l'ouverture de sa cicatrice et un début de saignement. Johnny appelle aussitôt Stéphane Delajoux. Les deux hommes conviennent de se voir le lendemain matin à la clinique Monceau, où le médecin reprendra son ouvrage, en posant au chanteur quelques points de suture. Parant au plus pressé durant la nuit, Johnny Hallyday a joué les infirmiers, improvisant un pansement de fortune avec le concours de Laeticia. Une folie.

Puis, fort du feu vert du chirurgien et d'un mail adressé par l'un de ses autres médecins traitants, qui l'autorisent tous deux à voyager, Johnny Hallyday décide de quitter Paris pour Los Angeles. Sans avoir signé la moindre décharge à la clinique Monceau. Ni même écouté ceux qui lui déconseillent de faire un tel périple, invoquant, notamment et indépendamment des risques physiques qu'il encourt, l'une des clauses couchées dans l'un de ses contrats d'assurance, qui lui interdit de prendre un long-courrier en pleine période de tournée. A fortiori dans un tel état.

*
* *

Pour l'heure, au Cedars-Sinai Hospital, Johnny Hallyday, plongé dans le coma à deux reprises, peut enfin subir l'opération qui va permettre de reprendre l'intervention de Stéphane Delajoux et de soigner sérieusement la plaie consécutive à sa chute. Mais Hallyday reste faible : son état va déclinant. C'est justement à ce moment précis de son hospitalisation que les médecins français dépêchés sur place évoquent, pour la première fois, la piste d'un accident nosocomial. Un mot qui ne dit rien qui vaille. Car si l'hôpital nourrit en général bien des fantasmes et des peurs infondés, ce terme est aujourd'hui synonyme de fléau dans l'univers hospitalier. Cet accident infectieux touche en effet chaque année, en France, pas moins de cent mille malades et provoque quelque dix mille à treize mille morts, soit plus que le nombre de personnes tuées, l'an passé, sur les routes. Or cette complication post-opératoire souvent dévastatrice, Johnny Hallyday en est une victime de choix : cela ne fait plus le moindre doute aux yeux du collège de médecins qui l'entoure et s'en inquiète.

Jean-Claude Camus, qui l'a fort bien compris, est l'un des premiers à s'en soucier dans l'entourage du chanteur. Arrivé le 15 décembre à Los Angeles, il a été aussi le premier, quelques jours plus tôt, à mettre directement en cause, à Paris, l'intervention chirurgicale pratiquée à la clinique Monceau. Dispose-t-il pour cela d'informations précises de la bouche de Laeticia ? A-t-il reçu des deux médecins américains des éléments probants et suffisamment alarmants pour faire de tels commentaires ? Toujours est-il que le producteur et grand argentier d'Hallyday s'est autorisé à parler, sans détour, de « massacre » à un journaliste du *Parisien*. Celui-ci va reprendre, illico, les propos de Camus, lesquels déclenchent tout à la fois un vent de panique dans l'entourage du chanteur et, plus tard, une plainte en diffamation déposée par les deux avocats de Stéphane Delajoux. Ces derniers, Hervé Témime et David Koubi, n'en croient pas leurs oreilles. Pas plus, d'ailleurs, que Daniel Vaconsin. Cet autre avocat renommé est le défenseur du producteur. Or dans ses bureaux de l'avenue Paul-Doumer, à Paris, l'un des auteurs de ce livre l'a vu gémir de rage, accablé à la lecture du journal étalé devant lui, mais inquiet, aussi, à l'idée des poursuites que son client encourt désormais.

Pas de place pour le sentiment, ici, pas d'émotion non plus, ou si peu, mais l'odeur de l'argent et celle du business qui s'insinuent par tous les pores de cette affaire… Les premières heures de ce feuilleton voient s'installer un climat délétère dans l'entourage de Johnny, auquel vient s'ajouter la crainte tellurique d'un homme : Jean-Claude Camus, justement. Qui s'affole ! L'idée même que les sérieux problèmes de santé de Johnny Hallyday puissent mettre un terme à cette méga et dernière tournée lui est intolérable. Et ce n'est rien comparé au spectre d'un arrêt définitif de la carrière de son protégé : un carambolage dont leur association légendaire ne se remettrait pas.

– 6 –

Camus ou le dernier nabab

À force de côtoyer des légendes, on se sent obligé de bâtir la sienne. Question de standing. Jean-Claude Camus, authentique self-made-man, aime nimber son destin d'une aura flamboyante, faite de culot, de chance et d'inventivité. Son histoire ? L'ascension d'un homme venu de la campagne, né en 1938 à Bernay, dans l'Eure, monté à Paris sans le sou, contraint lors de son arrivée dans la capitale de dormir trois nuits sur un banc de la gare du Nord, faute de moyens pour se payer une chambre de bonne et devenu, en trois décennies, un prince du show-biz. L'anecdote est belle, sans doute vraie, et en dit long sur la personnalité de l'homme : une rage de vaincre chevillée au corps, l'envie très jeune de s'extirper de l'ennui gluant d'une existence provinciale, le désir de vivre une autre vie, plus fun, plus rapide, plus déjantée, quitte à forcer le destin.

Avec ses cheveux gominés, ses lunettes fumées, son bronzage trop appuyé et sa gouaille, il a longtemps incarné jusqu'à la caricature une génération de producteurs du show-biz en voie de disparition, celle des nababs décomplexés : gros cigares, grosses voitures, gourmettes clinquantes... Camus vient d'une époque où l'on affichait bruyamment et gaiement sa réussite. Boîtes de nuit, champagne à gogo, vacances à Saint-Tropez, virées en yacht... La *dolce vita.* Aujourd'hui, l'homme a pris quelques rides et son comportement n'est plus aussi ostentatoire. Il est vrai que les temps ont changé. L'argent est devenu vulgaire, scandaleux. Le bling-bling fait mauvais genre. Il est de bon ton de faire profil bas. Mais on n'efface jamais tout à fait un style.

Cet homme de l'ombre aime aussi la lumière, contrairement à ce qu'il a coutume de dire. En tout cas, il ne dédaigne pas de recueillir un peu de la poussière d'étoiles échappée de l'aura des stars dont il s'occupe. Finalement, si elles brillent, c'est aussi grâce à lui. On le dit impulsif, émotif et colérique. On le dit également généreux, flamboyant, fidèle en amitié, et capable de paris fous. Pour cette raison, il a perdu autant d'argent qu'il en a gagné au cours sa carrière. Nous n'avons pas pu le rencontrer pour cet ouvrage. Nos demandes formulées auprès de son attachée de presse sont restées lettre morte. Nous avons donc enquêté sur lui, les langues se déliant facilement lorsqu'on leur promet l'anonymat. L'homme est puissant, on le redoute.

Au commencement donc, il y a un garçon malin, déterminé, qui promène ses vingt ans dans le Paris des années soixante, entre le Golf Drouot et Saint-Germain-des-Prés. Le jeune Jean-Claude ne connaît personne.

Il sait juste une chose, il veut vivre au milieu des artistes, dans le monde du spectacle. Artiste, il aurait bien aimé en devenir un, d'ailleurs. Dans sa jeunesse, il a pris des cours de théâtre et joué dans une troupe itinérante, fait quelques figurations.

Après son service militaire, qu'il effectue à Paris, il décide de rester dans la capitale. Il trime pour survivre, fait la plonge, travaille dans les wagons-restaurants, organise des bals en province et traîne dans le métier en quête d'une opportunité, d'un clin d'œil de la chance.

Celle-ci ne tarde pas à lui sourire, comme elle finit toujours par le faire, dit-on, aux audacieux. À vingt-deux ans, au tout début des années soixante, il croise la route des Chats sauvages, emmenés par un certain Dick Rivers. Le groupe débute dans la pagaille et l'euphorie des yéyés et des débuts du rock 'n' roll en France. Ils n'ont pas de structure, pas de plan de carrière, aucune vision de l'avenir. Camus sent l'occasion et se jette dessus. Malgré son carnet d'adresses vide, il leur propose de s'occuper d'eux, leur promet un contrat et une tournée. Un coup de bluff. Les Chats, qui n'ont rien à perdre, acceptent. Camus les signe et tiendra parole. Il fera décoller leur carrière. « *La chance c'est comme un train, il faut monter dedans quand il entre en gare, sinon il repart sans vous.* »

Camus a pris le bon train.

Sa voie est désormais tracée : il produit des spectacles et organise des tournées. C'est à cette époque qu'il croise Johnny Hallyday, qui débute comme lui. Au fil des ans, il s'occupera de Sheila, Dick Rivers, Eddy Mitchell, Vince Taylor (dont il garde le souvenir d'un artiste ingérable), Sylvie Vartan... Sa méthode ? Se mettre entièrement au service des artistes avec lesquels il travaille. « *Je suis l'homme de tous les moments, aime-t-il à répéter, même les plus durs.* »

À la fin des années soixante, il découvre un jeune chanteur au look romantique qui le séduit avec un répertoire différent et qui annonce le virage musical des années soixante-dix. Camus sent que le rock s'essouffle et qu'il faut offrir du nouveau au public. Gérard Lenorman incarne cette nouvelle tendance. Camus mise sur lui et l'envoie en tournée avec Johnny. Lenorman le quittera quelques mois plus tard pour un concurrent. Le producteur, qui a la rancune tenace, lui en voudra pendant longtemps. À la même période, il lance aussi le groupe Titanic. Ainsi va la carrière d'un faiseur d'artistes et de spectacles : des coups de poker, des coups de génie mais aussi des coups d'épée dans l'eau.

*
* *

Jean-Claude Camus aime se souvenir de l'anecdote. Dès qu'il a aperçu Johnny, en pleine période yéyé, il a immédiatement rêvé de travailler avec lui. « *Dès que je l'ai croisé, je me suis dit : "Il me faut le grand blond."* »

Camus n'est alors qu'un organisateur de tournées. Il commence par acheter les spectacles en province du

« grand blond » à son producteur d'alors. Néanmoins, il faudra plusieurs années à Johnny Hallyday, qui collectionnait les producteurs, pour faire appel à Jean-Claude Camus en tant que tel.

En 1972, Camus a rencontré un imprimeur de Rouen passionné lui aussi de spectacle, autodidacte comme lui, un certain Gilbert Coullier. Avec l'appui d'un autre homme, Pascal Bernardin, ils organisent et produisent, au sein d'une structure bizarrement baptisée « Zéro productions », des dizaines de concerts en province qui feront leur réputation et leur fortune. En 1980, ils montent le premier spectacle en plein air au Bourget pour Bob Marley, devant quarante-cinq mille personnes. En 1983, Camus et Coullier décident de s'associer pour créer la société Camus-Coullier Productions. Parmi leurs faits d'armes, on retiendra le concert géant de Madonna au parc de Sceaux devant cent trente mille personnes, celui de Michael Jackson l'année suivante au Parc des Princes, sans oublier Supertramp, Police, Prince et beaucoup d'autres qui confieront au tandem la réussite de leur prestation parisienne.

La méthode Camus est simple. Être partout, s'occuper de tout, penser à tout. À ses débuts, il collait lui-même les affiches de ses concerts ou les étiquettes sur les chaises, épaulé par sa sœur Anne-Marie. De ce travail de terrain, il a gardé l'obsession du détail, une connaissance et une maîtrise parfaites de tous les rouages d'un spectacle. « C'est le meilleur. Il pense à tout, il voit tout, il ne néglige rien », confirme un de ses collaborateurs. Dans une interview au *Figaro* en décembre 2000, Camus détaillait sa vision du métier. « *Un bon producteur se doit d'être présent partout et de penser à tout, depuis la campagne publicitaire et le plan de carrière jusqu'au choix de la salle, en accord avec l'artiste, bien sûr. Il faut que l'artiste arrive sur scène sans avoir d'autre souci que celui de chanter. [Producteur], c'est un métier très prenant où il faut être disponible jour et nuit. C'est de cette manière que je l'envisage.* »

Bien sûr tout n'est pas rose et il connaîtra de lourds échecs. Dans le désordre, on peut citer la comédie musicale *Ali Baba*, le retour raté de Sheila, *La Légende de Jimmy* de Jérôme Savary... Un producteur doit être joueur, mais un joueur peut perdre. Dans ces cas-là, l'addition est lourde. Pour éponger ses dettes, il vendra sa maison de Saint-Tropez.

Au milieu des années quatre-vingt-dix, le procureur Éric de Montgolfier le fait incarcérer pendant trois jours à la maison d'arrêt de Valenciennes pour une affaire de double billetterie dont il sortira blanchi. Des embrouilles, il en aura encore un soir d'avril 1997, lorsque quatre hommes masqués l'agressent sur le seuil de son immeuble dans le huitième arrondissement de Paris. Lourdement armés, les individus le mettent en joue et l'obligent à leur ouvrir la porte de son appartement. Volets baissés, rideaux tirés, Camus passe une nuit de cauchemar. Une arme collée sous le menton, il est contraint d'ouvrir son coffre-fort dont le contenu, argent liquide, bijoux, papiers, est aussitôt vidé. Mais loin d'en finir et de partir avec leur butin, les malfrats font durer le plaisir. Pendant plusieurs heures, ils s'emploieront à menacer et terrifier le producteur au point que celui-ci croit sa dernière heure arrivée. Quand les inconnus se décident à quitter les lieux, Camus, passablement secoué, appelle la police. L'affaire est suffisamment prise au sérieux pour que l'enquête soit confiée à la Brigade de recherches et d'intervention, plus connue sous le nom de l'Anti-Gang, et pour qu'il bénéficie pendant plusieurs mois d'une protection rapprochée.

Il connaît aussi des démêlés avec l'ingérable Polnareff qui squatte chez lui plusieurs mois et qui refusera finalement de signer un contrat avec lui. D'ailleurs, il ne croyait pas à son retour mille fois annoncé, mille fois reporté. « *Il a été un génie, mais aujourd'hui je ne miserais pas un kopeck sur lui* », déclare-t-il en juin 2005, deux ans avant le retour triomphal de l'artiste en France. Tout le monde peut se tromper…

*
*   *

En 1979, le rêve absolu du petit Normand venu à Paris sans un sou se concrétise. Dans les coulisses du concert de Supertramp (qu'il organise), « le grand blond » lui explique qu'il a viré son équipe et lui propose de s'occuper de lui. L'organisateur de tournées à succès change de dimension et devient producteur de la première star française.

« *À l'époque, Johnny en tournée, c'était deux fourgonnettes, plus trois voitures, musiciens et matériel inclus. Aujourd'hui ce sont quinze semi-remorques* », raconte-t-il dans une interview à *Télé Star* en juin 2000. Façon de rappeler que grâce à lui Hallyday est passé de l'artisanat à l'industrialisation, des spectacles de papa aux barnums technologiques.

L'histoire du couple le plus célèbre du show-biz commence. Elle sera ponctuée d'énormes réussites, de concerts à grand spectacle, mais aussi de fâcheries tonitruantes, de coups de sang suivis de réconciliations et d'étreintes fraternelles. Pour Johnny, Camus invente la démesure. Le palais des Sports en 1982 avec une scénographie inspirée de *Mad Max*. Le Zénith en 1984 et l'entrée de la star dans un immense poing en métal de neuf mètres sur cinq, si imposant que le producteur n'hésite pas à faire défoncer un mur pour lui permettre d'entrer dans le bâtiment. Le Parc des Princes en 1993 pour les cinquante ans de l'idole, à l'occasion desquels une réplique du pont de Brooklyn est construite sur la scène. Ce même Parc des Princes où l'on a frôlé la catastrophe avec l'idée de Camus – géniale mais folle – d'organiser l'entrée de l'artiste à travers la foule à la manière d'un boxeur. Les images de Johnny, entouré de gardes du corps débordés et submergés par les spectateurs en liesse, resteront dans les annales. Ce soir-là, la bonne idée a bien failli virer au cauchemar. Camus lui-même, présent au côté de la star pendant cette traversée mémorable, manque d'être broyé par la foule.

En 1998, Jean-Claude Camus sort malgré lui de l'ombre lors de ce qui reste son pire souvenir : l'annulation d'un concert au Stade de France pour cause d'intempéries. Sous une pluie battante, il viendra lui-même sur scène annoncer la mauvaise nouvelle au public.

« *Quand après une heure et demie de tergiversations, on a décidé l'annulation, je suis parti comme un somnambule sur scène. Je ne savais pas ce que j'allais dire… Mon Dieu ! Ça a été terrible. J'ai fait l'annonce et je suis revenu en coulisses. Tout le monde était en pleurs…* »

Ce qu'il ne raconte pas, c'est que, pour parer à une éventuelle réaction de mécontentement violente du public, des forces de police avaient été appelées en renfort.

Il y aura aussi cette arrivée en hélicoptère au-dessus du Stade de France et, en 2000, le concert gratuit sous la tour Eiffel…

Malgré ces succès considérables, les deux hommes ont plusieurs fois envisagé de se séparer, se retrouvant souvent au bord de la rupture. Les hauts et les bas de Johnny, ses demandes incessantes d'argent, la reprise en main de ses affaires par son beau-père il y a quelques années… Néanmoins leur association a battu tous les records de longévité. Quand Camus se sépare de Gilbert Coullier en 1991, le rockeur décide de rester avec lui.

Leurs rapports ne sont pourtant pas ceux qu'entretiennent de vrais intimes. Même s'il se confie à lui et n'hésite pas à l'appeler à 4 heures du matin lorsqu'il a un coup de blues, Johnny n'a, semble-t-il, jamais considéré Jean-Claude Camus comme faisant partie de son premier cercle. « Mais il est conscient de ce qu'il a fait pour lui et a confiance en lui », expliquait un proche il y a peu.

Cette confiance s'est cependant ébréchée lors la préparation de la dernière tournée et au vu de la gestion catastrophique de la communication autour de Johnny durant l'année 2009. Vont-ils vraiment se séparer, cette fois ? Certains membres de l'entourage de Johnny, qui reprochent à Camus de l'avoir envoyé sur une tournée trop longue puis d'avoir manqué de sang-froid durant les heures sombres à Los Angeles, pensent que le moment est venu. Mais Johnny est à l'heure actuelle trop affaibli, trop occupé à se remettre de ses ennuis de santé et trop fragilisé financièrement pour trancher. En plus et surtout, les deux hommes sont liés par des intérêts impérieux. Ils doivent rester unis pour se « refaire ».

Certes, Camus a vendu en 2008 sa société de production au groupe Warner Music, dont il n'est plus que le salarié, et en a confié la direction opérationnelle à son bras droit. Mais, rappelons-le, il dispose d'un contrat spécifique pour les tournées de Johnny Hallyday, gardant ainsi la haute main sur le pan le plus lucratif de la carrière de l'artiste... Certes, il a diversifié ses activités et renouvelé son cheptel d'artistes en signant des valeurs montantes telles que Chimène Badi, Christophe Maé et Christophe Willem. Certes, à soixante-douze ans, il aime désormais passer du temps avec son petit-fils Joalukas, né de l'union de sa fille Isabelle Camus (productrice de *Un gars, une fille*) et de l'ancien champion de tennis devenu chanteur, Yannick Noah. Mais laissera-t-il celui qui fut « son » idole rater sa sortie ? Et ce dernier lui fera-t-il une dernière fois confiance ?

Il lui a fait confiance. Mais qu'en est-il aujourd'hui ?

Pour cette figure excentrique du show-business, dont les Borsalino et les Ray-Ban font alors le tour des journaux télévisés, l'heure est au plan Orsec. On verra Camus faire les cent pas dans les couloirs de l'hôpital, seul ou au côté de Laeticia, à l'affût d'une nouvelle ou guettant un signe des médecins, comme si le fait que Johnny soit entre les mains les plus expertes du corps médical américain ne le préservait de rien. Ces dernières semaines ont déjà beaucoup éprouvé le producteur, mais la tournure que prennent maintenant les événements est en train de l'achever. Il croyait avoir tout vu de Johnny, tout vécu à ses côtés, tout enduré aussi : les humiliations et les caprices, les heures de gloire et les périodes de ressac. Mais il réalise que ce passé n'était en fait qu'une bluette, une version édulcorée, une promenade enchantée comparée à l'épreuve qu'il traverse. Préparé à l'indicible, il se raccroche aux bulletins médicaux laconiques, à des bribes de conversations avec les proches et à quelques vagues impressions. Pas le moindre bruit dans la chambre de Johnny, mais pas davantage de paix ou de quoi se rassurer. Seul son souffle est de nature à confirmer qu'il y a encore de l'air dans cette pièce où lui et Laeticia étouffent et où les deux praticiens s'affairent. Sans oser le moindre pronostic.

Éteindre l'incendie, colmater les brèches : oui, mais comment ? Si jusqu'à présent les écarts de Johnny, les trous d'air et les éclipses de sa carrière étaient compensés par des disques ou des tournées qui venaient régulièrement renflouer leur petite entreprise commune, l'épisode dramatique qu'ils traversent met celle-ci en danger, pour la première fois de leur vie. Le coma de Johnny brouille tout et la mine déconfite des médecins croisés dans les couloirs ne fait qu'ajouter au désarroi. Des années de braise, de scènes et de gloire, il n'est maintenant plus question. Les clameurs du Stade de France semblent appartenir à un livre d'histoire et tout s'emballe : Johnny Hallyday devient l'enjeu inanimé d'un monstrueux Meccano financier.

*
* *

Préparer la riposte. Pour Jean-Claude Camus, qui dès maintenant réfléchit à la suite des événements, Stéphane Delajoux, ce praticien français, déjà bien amoché par la rumeur (et resté étonnamment à Paris quand tout le monde l'attend et l'espère à Los Angeles), est le maillon faible. Ce ne peut être que lui qui portera demain l'entière responsabilité de la dégradation de l'état de santé de l'artiste. Et c'est lui, encore, martèle-t-il, qui devra en assumer, le moment venu, les conséquences économiques, notamment face aux compagnies d'assurances qu'il va falloir maintenant convaincre. Ce qui n'est pas une mince affaire.

Le producteur ne lésine pas sur les arguments. Quitte à s'improviser médecin en chef sur les antennes de RTL où on l'entend s'étonner (à moins qu'il ne reprenne à son compte des bribes de confidences que lui auraient faites, entre deux portes, les deux médecins américains) que Stéphane Delajoux n'ait pas posé sur son patient un drain, au terme de son intervention : «*J'ai été opéré deux fois pour la même raison, à chaque fois on m'en a posé un*», dit-il au micro de cette radio. Et de se montrer tout aussi surpris que le même médecin ait autorisé Johnny à sortir de la clinique. «*Je ne comprends pas*», poursuit celui qui connaît pourtant par cœur le caractère incontrôlable du patient en question, dont personne dans son entourage, même le plus proche, n'est en mesure de canaliser les impatiences…

Le journaliste de la station de la rue Bayard demande alors à Jean-Claude Camus s'il a récemment eu Stéphane Delajoux au téléphone. Ce à quoi l'intéressé répond très clairement : «*Je ne souhaite pas lui parler. Mais si ce qu'on me dit aux États-Unis est vrai – je le tiens de Laeticia qui le tient elle-même des médecins américains –, alors l'opération de Johnny en France a été un massacre!»*

Le mot est lâché. Il tombe comme un poids mort et résonne comme une menace sur les ondes de la station.

*
* *

Les souvenirs partagés, les concerts enfiévrés aux quatre coins de l'Hexagone, les soirées enivrantes et les amitiés indéfectibles, proclamées quand tout allait dans le meilleur des mondes, quand l'argent coulait à flots et que le succès prenait des allures de triomphe, bref, quand tout rutilait... Tout cela n'est plus que lointains souvenirs. Tout cela n'est plus que de la fausse monnaie, à l'heure des comptes, des règlements de comptes et des noms d'oiseaux que l'on s'envoie à la figure. «Massacre» : le terme fait mouche et claque comme un coup de fusil au beau milieu de cette furia qui s'est emparée d'un Hallyday encalminé dans sa chambre d'hôpital. Un artiste dont on commence, en coulisses, à éplucher les bilans et à auditer le patrimoine : l'inventaire d'une vie...

Les enjeux sont terribles en effet. Comment pourrait-il en être autrement? Démarré au printemps 2009, le Tour 66 devait être synonyme de jackpot. Quatre-vingt-onze dates au total pour une tournée plaquée or qui devait assurer la fin de vie de l'artiste et de sa tribu... et les fins de mois d'un producteur qui n'aura cessé, année après année, de jouer à quitte ou double avec son imprévisible poulain. À elles seules, les vingt-deux dates restantes, si elles n'étaient pas honorées, se traduiraient par une perte sèche de quinze millions d'euros pour les deux hommes, dont les deux tiers à la charge du chanteur. Hallyday et Camus ont toujours eu pour habitude de partager les risques. Embarqués sur le même radeau, ils ont co-supporté les frais de cette fameuse tournée, à hauteur de 80 % pour Johnny Hallyday et de 20 % pour Jean-Claude Camus. Si l'entreprise repose entièrement sur le talent et les épaules de Johnny, elle oblige Camus à redoubler d'efforts et d'attention, afin d'éviter tout grain de sable. Dans cette partie de stock-cars où personne ne contrôle plus rien et où tout est suspendu, désormais, à la vie et à la forme du chanteur, l'un joue son train de milliardaire qu'il n'est pas, voire son existence ; l'autre, la survie de sa société de production de spectacles. Si Camus trébuche, Johnny changera de monture. Mais si l'artiste meurt, ce sera le néant.

Car au-delà de cet épisode tragique, c'est tout le fragile édifice financier d'Hallyday qui est en lice, depuis le début de cet hiver 2009. La holding par laquelle ce dernier fait transiter le capital investi dans le Tour 66 n'aurait plus que des allures de coquille vide en cas de carambolage général. Que restera-t-il finalement de cette PME rutilante si cette fulgurante infection doit tout balayer sur son passage tel un tsunami invisible, si Johnny ne remonte pas sur scène ? Des miettes.

Aussi, quand Jean-Claude Camus se rapproche du pool d'assureurs emmené par les groupes Axa et Pont-Neuf, une prestigieuse compagnie et un grand courtier respecté de la place qui jalonnent de longue date la carrière de Johnny Hallyday en tant que garde-fous, c'est pour leur tenir un discours carré. Camus se bat corps et âme. Il vise un seul homme : Delajoux, encore, qu'il charge et étrille. Mais il n'est pas dit qu'il parvienne pour autant à ses fins, une fois la lumière faite sur toute cette affaire...

L'autre combat du producteur consiste à convaincre ces mêmes compagnies d'assurances de ne pas lâcher l'artiste : la tournée est assurée à hauteur de trente millions d'euros, dont dix millions pour les deuxième et troisième parties. Or l'arrêt brutal de cette tournée se traduit pour l'heure par une perte sèche de quinze millions. Et c'est bien des compagnies d'assurances que dépendent l'avenir financier du chanteur, et son avenir tout court.

Pour que les choses soient encore plus claires, Jean-Claude Camus va utiliser quelques arguments choc. Le premier d'entre eux vise à placer ces géants de l'assurance devant leurs responsabilités, c'est-à-dire face aux Français. Sa remarque est d'une clarté limpide : que dira-t-on demain si l'on apprend que ces compagnies richissimes n'ont pas soutenu la star au pire moment de sa vie ? Que penseront les Français à l'idée qu'une maison comme Axa ait décidé de lâcher Johnny Hallyday, dont la ruine et la sortie de route lui seront alors directement imputées, à l'heure des comptes et du bilan ?

Sa plaidoirie est-elle efficace, cette tactique se révèle-t-elle probante ? Soumises à la pression médiatique et à l'implication personnelle de Nicolas Sarkozy, qui s'est exprimé publiquement sur le sujet et qui continue de suivre cette affaire de Paris, les différentes compagnies d'assurances n'ont pas d'autre choix, dans un premier temps, que de baisser la garde. Et d'accepter de soutenir, même du bout des lèvres et en tout cas temporairement, celui qu'il serait inconvenant d'abandonner au premier vrai coup dur. Le poids et l'influence du politique jouent un rôle moteur dans cette affaire qui a vu Johnny Hallyday tirer les sonnettes à l'Élysée, au nom de sa vieille amitié avec le chef de l'État. D'aucuns soutiennent que Nicolas Sarkozy pourrait intervenir, le moment venu, auprès des dirigeants d'Axa afin de les sensibiliser au problème Hallyday. Nul ne saurait pourtant prévoir sérieusement les interventions possibles du Président, mais une chose est sûre : le sort de son ami Johnny ne lui est pas indifférent.

– 7 –

Le dilemme élyséen

Séquence surréaliste, le 11 décembre 2009, lors de la conférence de presse à l'issue du sommet européen de Bruxelles. Devant les envoyés des journaux et les caméras de télévision, le président de la République française, Nicolas Sarkozy, évoque soudain, sous les yeux de ses partenaires européens médusés, le seul sujet qui intéresse la France et les Français à ce moment-là. Non pas l'environnement qui a été au centre des discussions dudit sommet. Non pas la crise, pas plus que le chômage et encore moins le pouvoir d'achat… La seule chose qui préoccupe les Français en ce mois de décembre, c'est la santé de Johnny Hallyday, plongé depuis plusieurs heures dans un coma artificiel.

Au micro devant la presse européenne, le chef de l'État se dit « rassuré » sur la santé du chanteur hospitalisé depuis quelques jours à Los Angeles, et lui souhaite un prompt rétablissement au nom de tous les Français. « Ça crée une grande émotion en France parce que c'est un homme qui est très aimé et, pour chacun d'entre nous, il représente une partie de notre histoire personnelle, des souvenirs, des émotions, des chansons, des musiques », poursuit-il.

Et le Président d'ajouter : « On lui fait confiance. Il a de la ressource, il nous l'a montré. »

Tenu informé de l'évolution de l'état de santé de Johnny par David, le fils de l'artiste, avec qui il s'est entretenu au téléphone (pendant qu'il était dans le coma) et qu'il a reçu à l'Élysée (après la sortie de Johnny de l'hôpital), Nicolas Sarkozy va se transformer subitement en attaché de presse people chargé de distiller des informations hautement sensibles sur la santé de la star. « Il [David] m'a donné des nouvelles rassurantes sur la santé de son père, sans cacher la peur qu'ils ont éprouvée pour lui », précise-t-il enfin.

Si Nicolas Sarkozy rassure la France, c'est qu'à l'Élysée, l'affaire a été jugée très sensible. Au moment où les nouvelles les plus alarmantes ont circulé, plusieurs conseillers du Président ont réfléchi à différents scénarios au cas où le chanteur viendrait à décéder. Car Johnny est une star nationale, mais aussi un proche du Président qui a même adhéré à l'UMP en 2006 (avec David, qui depuis a rendu sa carte et tourné le dos à la politique) pour le soutenir durant sa campagne.

Dilemme des conseillers du Président : comment rendre hommage à une star immensément populaire mais qui a tenté de prendre quelques années plus tôt la nationalité belge pour se soustraire au fisc français et qui est aujourd'hui un exilé fiscal, résidant dans la très huppée station de Gstaad, en Suisse ?

Lors d'une réunion informelle, plusieurs hypothèses sont envisagées, certaines balayées, d'autres plus sérieusement retenues. En aparté, et en promettant de ne pas trahir notre informateur, nous avons pu nous faire préciser ce qui a été envisagé au plus fort de la crise. Face à l'émotion considérable que soulèverait la mort prématurée de Johnny, une simple déclaration d'hommage du Président serait perçue comme insuffisante, décrètent certains. Parmi les pistes retenues – mais non validées par le chef de l'État –, on évoque un rapatriement du corps dans l'avion présidentiel, des obsèques nationales, et même une descente du cercueil le long des Champs-Élysées ! Rien que ça ! Des funérailles de chef d'État pour l'interprète de *Quoi ma gueule* ! On se pince pour y croire. N'est-ce pas *too much* pour une personnalité qui a quitté la France parce qu'elle estimait y payer trop d'impôts ? Non, estiment les éminences, qui pensent que Johnny (dont Sarkozy, maire de Neuilly, avait célébré le mariage avec Laeticia en 1996) est une des rares personnalités intouchables à qui les Français pardonnent tout. Ces idées ont-elles été présentées au chef de l'État ? Nous n'avons pas pu nous le faire confirmer mais elles ont été envisagées. La sortie de la star du coma mettra de toute façon fin à ces morbides supputations.

*
*   *

Si, au sommet de l'État, on s'interroge autant, c'est que Johnny, qui a toujours pris soin durant sa carrière de se tenir à distance de la politique, n'a jamais caché l'amitié et l'estime qu'il porte au Président. En septembre 2006, il était présent lors de l'université d'été de l'UMP. Et il était là aussi, le 9 avril 2007, au meeting du candidat Nicolas Sarkozy à Bercy. Il figurait donc en toute logique sur la liste des invités du Fouquet's, établie avec soin par Cécilia Sarkozy, au soir de l'élection présidentielle, le 7 mai 2007. Et il est venu en compagnie de Laeticia féliciter le nouvel hôte de l'Élysée.

Remarié avec Carla Bruni, Sarkozy n'a jamais lâché son pote. Si Carla a fait le ménage dans l'entourage people du Président, éliminant les copains jugés ringards ou peu valorisants selon ses critères (qui n'étaient pas les mêmes que ceux de l'ex-première dame), Johnny, lui, est passé entre les gouttes. Quand « Carlita » organise le cinquante-troisième anniversaire de son mari dans son hôtel particulier du seizième arrondissement en janvier 2008, l'idole est encore conviée avec une cinquantaine de personnes triées sur le volet.

Échange de bons procédés puisque quelques jours plus tôt, le 18 janvier, les Hallyday avaient reçu à dîner les Sarkozy à La Savannah, leur propriété de Marnes-la-Coquette, en compagnie de Jean Reno (ami de longue date des deux hommes) et de son épouse, de David et Alexandra Hallyday et du couple Balkany. La soirée s'était achevée vers une heure du matin par la dégustation du crumble aux pommes de Laeticia.

Phénomène de mode ou de cour ? Il est intéressant de noter que les fidèles de la « Sarkozie » sont toujours présents aux grands rendez-vous d'Hallyday alors que curieusement on y voit peu de membres du Parti socialiste. En mai 2009, lors des concerts au Stade de France, on croisait ainsi dans la tribune officielle Michèle Alliot-Marie, Brice Hortefeux, Xavier Bertrand, Jean-Pierre Raffarin, Bernadette Chirac ou encore Rachida Dati.

Les mêmes ou presque se sont retrouvés quelques semaines plus tard, le 14 juillet, pour assister au concert sous la tour Eiffel : Xavier Bertrand toujours, Valérie Pécresse, Nadine Morano, Henri Guaino, Jean Sarkozy se pressaient dans les tentes VIP en faisant mine d'oublier la polémique suscitée par ledit concert (nous y reviendrons)... Seul transfuge de la gauche, le nouveau ministre de la Culture Frédéric Mitterrand. Bref, comme dans toutes les cours, les courtisans se font un devoir zélé d'aimer ce que le roi aime...

Un roi qui apprécie tellement son ami Johnny qu'il est prêt à excuser son exil fiscal à Gstaad. Un comble pour un ancien ministre des Finances ! Selon des propos tenus par Hallyday et rapportés fin 2006 par la presse suisse (*Le Matin Dimanche*), Nicolas Sarkozy, futur candidat à l'élection présidentielle, lui aurait déclaré au moment où il l'informait de sa décision de quitter la France :

« Écoute, coco, t'avais envie de le faire, tu l'as fait, t'as bien fait. » Un an après avoir échoué dans sa tentative de demander la nationalité belge, le chanteur ajoutait dans ce même entretien : « … J'en ai marre, comme beaucoup de Français, de payer ce qu'on nous impose comme impôts, puis voilà, j'ai fait mon choix. Je suis d'accord pour payer des impôts, mais il y a une limite. »

Et d'ajouter : « Mais j'aime la France et même si je suis résident ailleurs je suis quand même citoyen français, il ne faut pas l'oublier. »

Quoi qu'il en soit, cet exil fiscal fut abondamment exploité par « l'ami Nicolas » pour justifier le futur bouclier fiscal. Réagissant à la décision du chanteur, durant sa campagne présidentielle, il déclarait : « Je veux simplement dire une chose : un pays où tant de nos artistes, de nos créateurs, de nos chercheurs (…), où tant de gens se disent qu'il faut partir, c'est bien qu'il y a un problème. (…) J'aime beaucoup Johnny Hallyday, j'ai beaucoup de respect pour son talent et pour tout le bonheur qu'il donne aux gens depuis longtemps. » Et de conclure : « Je voudrais qu'on considère qu'on peut vivre en France même quand on y réussit. (…) Il faut réconcilier la France avec la réussite. »

Dans cet échange d'amabilités fourni, Johnny s'enflammera de nouveau lors d'un journal télévisé de France 2 en 2007 : « Si Sarkozy était de gauche, je serais pour Sarkozy aussi ! » lâche-t-il tout sourire, oubliant au passage que si ledit Sarkozy avait été de gauche, il n'aurait certainement pas eu les mêmes indulgences pour son copain Hallyday.

Petit retour en arrière. Tout le monde se souvient du concert gratuit donné par Michel Polnareff, le 14 juillet 2007, sous la tour Eiffel. Un événement qui avait rassemblé un million de personnes en liesse. Il est vrai qu'à cette période, rien n'était trop beau pour la France et son jeune président fraîchement élu. Offrir un concert aux frais de la princesse (en l'occurrence du contribuable français) pour prolonger les festivités de la victoire du 7 mai, pourquoi pas ? L'événement avait d'ailleurs été unanimement salué.

Juillet 2009 : quoi de plus normal pour la dernière tournée de Johnny que de lui proposer une même tribune pour un grand spectacle d'adieu, gratuit ? Beau cadeau, n'est-ce pas, aux Parisiens. Gratuit ? Pas pour tout le monde. Et certainement pas pour les contribuables dont les impôts vont servir à financer l'événement – un coût énorme – et à payer le cachet de Johnny dont le montant est supérieur à celui touché par Michel Polnareff deux ans plus tôt, et supérieur aussi à ce que lui rapporte chaque soirée de sa tournée. Curieusement, à ce moment-là, le chanteur ne s'est pas insurgé contre la pression fiscale subie par ses concitoyens. La France en crise peut-elle s'offrir ce genre de luxe ? Oui, estime le Président qui tranche lui-même l'affaire en faveur de Johnny et confie l'organisation du concert à l'incontournable Jean-Claude Camus dans le cadre d'un accord de gré à gré, comprenez sans appel d'offres. L'opposition n'osera pas gâcher la fête et s'insurger contre la décision. Et le ministère de la Culture et de la Communication paiera l'ardoise sans mot dire. Car c'est bien connu, quand on aime, on ne compte pas. Ou si peu. Ou si mal. Et Johnny, argumente-t-on en haut lieu, vaut bien une (grand-) messe.

Alors pourquoi pas des funérailles nationales, le moment venu ?

– 8 –

Quand les assurances traînent les pieds…

Tout cela est de nature à faire réfléchir le monde des assurances. Mais il n'y aura pas pour autant de chèque en blanc. Car les glissades et les mauvaises passes, les compagnies en ont souvent fait l'amère expérience avec Hallyday : connu comme le loup blanc, ce funambule les a habituées à jongler avec leurs millions. En fait, elles restent très prudentes face au fantasque Johnny, avec lequel les relations n'ont jamais été simples. En remontant dans le passé de l'artiste, on découvre en effet que ces établissements ont rarement entretenu avec lui des relations que l'on pourrait qualifier de philanthropiques. Sollicités à maintes reprises, ils ont appris au fil des années à y regarder à plusieurs fois avant d'accepter de sortir le chéquier. Il leur est même arrivé de dire non, notamment quand il s'est agi de couvrir dans l'urgence le chanteur, à la suite d'une tournée brutalement interrompue ou de problèmes financiers liés à un investissement hasardeux qui attirait alors toute leur attention…

Le cas s'est produit lors de sa première opération de la hanche à l'hôpital Cochin, au milieu des années quatre-vingt. À l'époque, Johnny Hallyday avait expliqué aux experts venus aux nouvelles – sans doute en toute bonne foi – que cette intervention avait été rendue nécessaire à la suite d'une chute accidentelle survenue quelques mois plus tôt. Mais les explications de l'artiste n'avaient pas entièrement convaincu, et après examen plus approfondi de son dossier médical par des médecins spécialement mandatés, la compagnie d'assurances avait constaté que si l'acteur avait bien fait une chute, cet accident n'était aucunement à l'origine du problème diagnostiqué par les médecins, lesquels avaient cru bon d'en informer les experts. Une hanche usée est une hanche usée. Or qui dit *une* hanche, dit en général la deuxième. Et devant ce problème de bilatéralité, qui n'a pas manqué de se présenter (Johnny se fera opérer plus tard de son autre hanche), la compagnie d'assurances avait tout simplement refusé de couvrir l'intervention chirurgicale. Ce qui obligea Johnny, à l'époque, à se tourner vers une compagnie anglaise, qui accepta de prendre, au débotté, le relais de la compagnie française, moyennant le règlement d'une prime de risque conséquente.

Chacun sait en effet que le fait de ne pas fournir clairement toutes les indications concernant une opération ou une lésion fait courir à tout un chacun le risque de ne pas être indemnisé. Johnny ou pas. Et le fait que ce dernier s'acquitte, chaque année, de primes d'assurances molletonnées ne change rien à la question : regardé comme un client à risques, Johnny Hallyday est pour ainsi dire sur liste rouge. Or si ses hanches étaient sous étroite surveillance et ce depuis de longues années, on ne lui connaissait pas de problèmes de dos. On avait soulevé le capot, changé les freins, vérifié les niveaux, mais on avait omis de jeter un coup d'œil sur le châssis ! Négligence.

Les toutes premières allusions à une hernie discale ont été faites par le chanteur lui-même, quelques semaines avant son opération d'octobre 2008, quelques jours avant de partir tourner *Vengeance* en Chine. Stéphane Delajoux, à son tour, a achevé de semer le trouble chez les assureurs, en évoquant une première opération pratiquée en 2008, « sans rapport direct avec la dernière intervention en date », ajoutera-t-il, à la surprise des médecins experts. Les assurances ont-elles été bien informées sur cette opération ? Ont-elles sous-estimé ses conséquences sur la tournée ? Johnny a-t-il omis de parler de ses douleurs récurrentes ? Les compagnies se déplacent à l'aveuglette, sans GPS, dans les dédales médicaux de leur turbulent client. Rien de bien surprenant, du coup, à ce qu'elles changent de ton à l'égard de l'artiste, diligentant immédiatement une enquête plus approfondie. Objectif ? Mettre à plat le dossier médical de Jean-Philippe Smet et déterminer ce qui relève dans ce cas précis de chutes survenues accidentellement ou ce qui peut découler de problèmes de santé plus enfouis, liés tout à la fois à son âge et à son mode de vie.

Même son de cloche à Los Angeles. Car plus on avance, plus on cherche, plus se confirme que l'occupant de la chambre 308 du Cedars-Sinai a un casier médical assez lourd. Dans l'impossibilité d'y voir clair, Axa et consort décrètent donc qu'il est urgent d'attendre. Quitte à faire planer la menace d'exclure le dernier problème – et quel problème ! – lié à son opération du dos des garanties souscrites par le chanteur. D'autant que Johnny Hallyday s'est montré imprudent : convaincu, en démarrant le Tour 66, qu'il irait à son terme sans encombre et soucieux de ne pas se ruiner en assurances diverses, il n'a souscrit que cinq contrats sur les vingt-six qui lui étaient proposés. Trop peu pour le couvrir solidement et sécuriser la tournée dans son ensemble.

Mais de là à ce qu'on le lâche ! Une perspective impensable pour le chanteur, qui se verrait alors dans l'obligation de régler, entre autres, l'ensemble des frais liés à son hospitalisation au Cedars-Sinai : une addition de plusieurs dizaines de milliers de dollars... Pour commencer.

Les assureurs finiront sans doute par accepter de lâcher un peu de lest et de couvrir certaines échéances – ce qu'ils ont commencé à faire dès le mois de février 2010 –, mais ils attendront aussi de pied ferme que la justice fasse la lumière sur le dossier et détermine les vraies causes de cette affaire, afin de se retourner éventuellement, l'heure venue, vers les responsables. D'ici à cette échéance, pas question de régler le passif et d'éponger les dettes. S'il n'est pas dans l'intention d'Axa d'étrangler l'artiste, et encore moins de le mettre sur la paille, il n'est pas dans leur plan, non plus, de se porter au secours de Johnny Hallyday en l'exonérant de toutes ses responsabilités. Et d'assumer tous les risques à l'égard d'une tournée qui prend désormais, à leurs yeux, un tour fantomatique.

– 9 –

La furia des people

Protection de son client oblige : dans ce contexte incertain, l'avocate de Johnny Hallyday, Virginie Lapp, n'a pas d'autre choix que de porter plainte contre Stéphane Delajoux. Ce qu'elle fait quelques jours après la sortie d'hôpital du chanteur, alors qu'éclate, comme une bombe, la polémique. La jeune avocate franchit l'Atlantique et prend contact avec les médecins et les experts. Tandis qu'à Paris un garçon sens dessus dessous s'inquiète et s'agace du spectacle dantesque qui se déroule à onze mille kilomètres de chez lui : David Hallyday.

Personne n'a vu venir ce garçon discret, dont la carrière aux douze millions d'albums s'est faite en lisière de celle d'un père écrasant : à Johnny les voies royales et les foules en fusion, à David les chemins de traverse et un destin construit à l'ombre de cet imposant patriarche. Personne n'avait à ce jour prononcé dans cette histoire le nom de cet homme de quarante-trois ans, omniprésent dans le sillage d'un père hors pair, dont il semble suivre la carrière de loin, ce qui est faux, et dont il ne soupçonnait pas sans doute l'état de fatigue et de vulnérabilité. Même s'il connaît un peu le « loustic ».

Flamboyant, égotiste, fulgurant et excessif, ce père reste pour lui un mystère. Mais quand le danger est là et que le pire n'est plus à écarter, les liens du sang l'emportent. Ces deux hommes qui se sont toujours foutu la paix avec amour se retrouvent, à ce moment crucial. Johnny Hallyday a beau être aux yeux de son fils une force de la nature, un monstre sacré inoxydable, David sent bien que ça chauffe, cette fois-ci. Que pour la première fois de sa vie, son père a mis la main de l'autre côté de la rambarde. Mais quel cirque pour arriver jusqu'à lui ! S'il veut exercer son rôle à ses côtés, David Hallyday sait qu'il va lui falloir jouer des coudes pour se frayer un passage parmi l'entourage de Johnny qui se dispute l'accès à sa chambre, où l'on spécule sur l'avenir. Pour un peu la scène serait shakespearienne : le tableau d'un fils qui tente de reprendre en main le destin d'un père.

*
* *

Quand il débarque à Los Angeles, le 11 décembre en fin de journée, David Hallyday, qui a voyagé dans le même avion que Nikos Aliagas, n'imagine pas ce qu'il va trouver à son arrivée. Pendant le vol, déjà, l'équipage, alerté par les services de l'aéroport de Los Angeles, l'informe qu'une meute l'attend à la descente de l'avion.

L'homme qui pensait se retrouver tranquillement en famille au chevet de son père tombe d'abord, en effet, sur une nuée de photographes… puis sur un nid de vautours. Car ce n'est pas un hôpital qu'il va découvrir, mais un bunker assiégé où il faut montrer patte blanche et tailler la route, forcer le passage : pour un peu David Hallyday s'imagine dans la peau d'un avocat dépêché pour négocier la levée d'écrou d'un père embastillé. À ses proches qui l'appellent de Paris pour prendre des nouvelles, il se dit « ahuri ».

Car à l'extérieur et au-delà de l'aéroport, le ton est donné : sur le trajet qui le mène au Cedars-Sinai, David découvre, sur Sunset Boulevard, toute une enfilade de panneaux d'affichage à l'effigie de son paternel. Des 4 × 3 apposés depuis peu, et sans l'aval des proches, à l'initiative d'un certain Christian Audigier. Styliste français de son état, ce familier ami des stars et des pique-assiettes d'Hollywood figure parmi les intermittents du cercle d'« amis » de Johnny. Pour tout dire, une comète que l'artiste a pourtant exilée de sa galaxie, mais que l'on continue d'inviter régulièrement sur les plateaux de télévision, au titre de « Johnnologue ».

Quant au Cedars-Sinai, ce n'est plus un hôpital, mais une annexe du Byblos de Saint-Tropez ou une salle de presse, selon les heures et les gens qui y campent. Le Tout-Paris s'y bouscule et communique en lieu et place de la famille et des médecins. La chambre du malade, que David Hallyday s'attendait à voir baignée dans une atmosphère de crypte, a des allures de carré VIP. À quelle heure, la prochaine séance ? Pour un peu on aurait installé un *red carpet* glissant sous les pieds de ceux qui forment un cortège ininterrompu devant la porte de Johnny, dans l'attente de l'entrapercevoir : une audience au Vatican...

Et l'on voit de tout, on entend tout, du plus drôle au plus consternant. Lunaire, l'animateur de TF1, Nikos Aliagas, intervient au journal de 20 heures de Claire Chazal, et parle d'un Hallyday « combatif ». Laurence Ferrari, prise de vitesse par sa consœur qui multiplie les duplex avec L.A., tente d'obtenir une interview « live » d'un autre de ces visiteurs d'un jour. Patrick Bruel, peut-être ? Le voilà qui débarque à L.A. alors qu'il partait pour Las Vegas, et qui enchaîne les interventions pour son « ami Johnny »... Et pourquoi pas s'en remettre plus facilement à Line Renaud ? Cette dernière multiplie les prises de parole, radio et télé, et déroule des communiqués au kilomètre. Chaque jour qui passe la voit franchir un nouveau palier dans l'improvisation. Que ne dirait-elle pas pour protéger son filleul artistique ? Bien qu'il soit intubé et plongé dans un coma profond, elle trouve une « bonne mine » et de « l'énergie à revendre » à celui dont elle fait pour les médias un check-up quotidien sous les regards stupéfaits des médecins.

Dans les couloirs de l'hôpital, c'est la cohue des grands jours : Jean Reno, Charles Aznavour, l'ancien grand argentier du foot Jean-Claude Darmon, le footballeur Frank Leboeuf, et bien d'autres célébrités se bousculent, le front barré et la mine défaite, dispensant des interviews aux micros et caméras qui se tendent. Mais où est Jacques Dutronc ? Resté à Paris, cet autre « vieil ami » de Johnny se dit scandalisé par ces « vautours qui se permettent de parler en son nom », tout en précisant au journaliste de l'AFP qui l'interroge qu'il a lui aussi pris des nouvelles « tous les jours ». Bisque bisque rage... Tout ce beau monde défile et tient salon, au grand dam des blouses blanches. Laeticia, elle-même, n'est pas en reste : la jeune femme a rameuté tout le clan, et même au-delà. Elle traîne dans son sillage le consul de France à Los Angeles, David Martinon, l'un des anciens sherpas de Nicolas Sarkozy à l'Élysée, que ce dernier a exilé sur la côte Ouest, ainsi que des amies françaises installées en Californie, qui tiennent la chronique des derniers événements pour la petite communauté française de Los Angeles, laquelle en fait ses choux gras.

Mais David Hallyday n'est pas encore au bout de ses surprises. Dans ce climat de surenchères et d'hystérie collective où l'on s'est emparé de son père, lui-même fait l'objet des sollicitations les plus folles. Tout juste débarqué à son hôtel, il reçoit un coup de fil de Jean-Pierre Foucault : l'animateur de TF1 lui propose une émission en prime time genre « Spéciale Johnny », dont il serait le témoin vedette. Marc-Olivier Fogiel sature la messagerie de son téléphone portable, dans le but de le convaincre de passer sur Europe 1. Même le très exotique Pierre Botton refait surface. Cette ancienne figure du microcosme médiatico-politique, connue pour l'affaire du même nom dans les années quatre-vingt, s'est reconvertie dans l'animation radio. Et Botton lui propose, à son tour, de participer à un programme qu'il anime sur une station improbable des Hauts-de-Seine.

Inutile de dire que Hallyday Junior a le sentiment de toucher vraiment le fond quand les dirigeants d'Endemol, l'empire de la télé-réalité, le contactent pour lui proposer de participer en Afrique du Sud à leur toute dernière production, *La Ferme célébrités*, qui va démarrer ! Il n'en fallait pas plus au fils de l'artiste pour craquer : deux heures à peine après avoir posé le pied à Los Angeles et traversé cette jungle, David Hallyday pique un coup de sang et exige des médecins, soulagés, l'expulsion sur-le-champ des importuns, ainsi que le confinement immédiat de son père.

*
* *

Si cesse le bal des courtisans, la bataille de la communication continue de plus belle. Et on ne peut pas dire non plus que celle-ci se fasse dans la cohérence et la légèreté. La propagation des rumeurs incontrôlées, et non démenties par la famille de l'artiste qui semble totalement dépassée par les événements, est telle à un moment donné que le site Internet du magazine *Paris Match,* pourtant bien informé sur cette affaire depuis les premières heures, annoncera un matin la mort de Johnny Hallyday, nécrologie et album de photos souvenirs à l'appui ! Il faudra quand même plus de deux heures à l'hebdomadaire pour rectifier le tir et retirer ce début de nécrologie de son site. Entre-temps l'info bidon aura mis le feu à la Toile et dans les états-majors des chaînes de radio et de télévision où l'on a préparé en toute hâte d'éventuels hommages posthumes. Tous les magazines connaissent un branle-bas de combat sans pareil. Les agences de photos vident leurs stocks d'archives. Qui a dit que l'argent n'avait pas d'odeur ?

À Los Angeles, où ce n'est guère mieux, la confusion est aussi totale. Déterminé à prendre le contre-pied de toutes les rumeurs qui courent, Jean-Claude Camus décide de recadrer les médias. Objectif : verrouiller au mieux la communication de son poulain, avant qu'il ne soit trop tard, avant que journaux et télés ne s'emballent, dérapent et ne l'enterrent professionnellement à défaut de pouvoir le faire cliniquement. Quitte pour cela à tenir, parfois, les propos les plus invraisemblables : alors que l'état de santé de Johnny Hallyday continue de susciter de lourdes interrogations et que ses médecins le sortent du coma pour l'y replonger aussitôt par crainte d'une rechute, Camus, en écho aux déclarations des people, dresse sur les antennes le portait d'un homme ragaillardi, qui « récupère vite », « qui parle », dit-il.

On n'est plus dans le registre médical, mais dans de la communication de crise. Trop d'enjeux sont en cause pour laisser dire aux imprudents de passage que l'artiste, qui repose à quelques mètres de là, est toujours tanqué au beau milieu du gué, et que la rive qui doit voir son retour à ses pénates de Beverly Hills est encore loin.

— Je ne vais pas vous affirmer qu'il va remonter sur scène bientôt, sinon on va dire une fois de plus que je suis le négrier du spectacle, mais je peux vous assurer que nous avons affaire à un battant, souligne le producteur.

Difficile pourtant de faire bonne figure, pas facile de donner le change, quand en coulisses bien des signes témoignent du contraire. Il y a ces compagnies d'assurance qui continuent de dépêcher à Los Angeles leurs batteries d'experts afin d'ausculter une nouvelle fois le malade. Il y aussi cette armée de juristes qui épluche les contrats de l'artiste. Et puis il y a Laeticia, la solide Laeticia. Omniprésente, la jeune femme s'emploie à tenir à distance les importuns et à bout de bras la légende de son époux, dont elle reste la gardienne éclairée. En coulisses, elle gère tout, verrouille tout, conseillée par Jean-Claude Camus.

Reste que cette agitation et ces manœuvres ne donnent vraiment pas le sentiment d'une grande sérénité… Du coup Camus change de tactique et donne soudain dans la sobriété. Tout va bien, il n'y a rien d'inexplicable, simplement la convalescence d'un artiste qui postule à un prompt rétablissement. Et pour le reste, motus… Désormais, l'homme impose à tous le silence. Pressions sur les proches, annulation d'une conférence de presse programmée par l'un des représentants de l'une des compagnies d'assurances de l'artiste, instructions données à la maison de disques : rien n'est laissé de côté.

Même Laeticia, qui par superstition, optimisme aveugle ou pragmatisme, a renoncé à porter les couleurs du veuvage, en prend pour son matricule : Jean-Claude Camus, qui s'impose comme l'homme fort du moment, la somme, au nom de leurs intérêts communs et de la carrière de Johnny qu'il convient maintenant de préserver, de s'abstenir de tout commentaire. Silence dans les rangs. Toute expression maladroite susceptible de laisser supposer, même entre les lignes, que l'artiste Johnny n'est plus très flambard, que l'homme de fer du Stade de France n'est plus qu'une star en papier mâché, bref, que demain ne sera plus jamais comme hier, est à bannir. Ne jamais dire « peut-être », le pire des mots. Et ne penser qu'à la suite, qu'à l'après, quand Johnny sera sur pied, très bientôt, une fois ce nouveau coup de grisou derrière eux.

— Car tant qu'il lui restera un souffle, il remontera sur scène, tu le sais, Laeticia, lui martèle-t-il.

Et d'ailleurs, comment pourrait-il en être autrement, quand on connaît le phénomène, quand on sait combien la scène lui est vitale et que… les tiroirs-caisses s'assèchent au fil des jours ? L'hypothèse d'un Johnny Hallyday au rancard serait, pour tous ceux qui l'entourent, le début de la fin. Et pour Laeticia, la gardienne du Temple, un drame, doublé d'un terrible désarroi.

Message reçu, la jeune femme, qui s'abstient de toute déclaration publique depuis décembre, s'efforce de donner le change, en soignant d'abord son apparence. Peu importent les commentaires désagréables qui la visent quand elle déboule à l'hôpital. Allure décidée, robes échancrées et mini-shorts de rigueur, elle s'emploie à semer des sourires qui se veulent rassurants face aux objectifs des photographes, avant de s'engouffrer dans la chambre de son époux. Mais sitôt seule, dans l'intimité de sa maison de Beverly Hills, elle fond en larmes. Effondrée par ce qu'elle endure depuis des semaines, épuisée d'avance par les dégâts que ne manquera pas de provoquer cet épisode tragique sur l'image et la carrière future, ou ce qu'il en reste, de Johnny, elle conjure les médecins de ne pas s'appesantir, dans leurs comptes rendus écrits, sur certains des problèmes de santé de son époux. Elle le protègera coûte que coûte, contre les autres et contre lui-même. Car pour l'heure, Laeticia Hallyday n'a qu'une seule ambition, une ambition qui requiert de la force, du caractère et de la détermination : sauver ce qui peut l'être encore et assurer la suite, en demeurant l'unique bouclier de l'homme qu'elle a épousé ce 25 mars 1996, au milieu d'un rêve de petite fille, cet éternel survivant dont elle se veut la garante et la dépositaire de la mémoire.

*
* *

De la même façon et de manière tout aussi pragmatique, les chaînes de télévision et la maison de disques de l'artiste surfent quant à elles sur l'émotion qui déborde : en France, il règne déjà comme un parfum de cérémonie post mortem sur les antennes, où fleurissent à l'approche des fêtes de fin d'année compilations et best of du chanteur. Alors que l'artiste est toujours plongé dans le coma, ses maisons de disques – Universal, propriétaire des mille titres de son catalogue, et Warner, son actuelle écurie – envisagent l'édition de coffrets spéciaux et de vidéos souvenirs, tandis que l'on voit apparaître sur les linéaires des magasins des compilations toutes fraîches, qui fleurent l'hommage posthume. Tout cela n'est pas forcément du meilleur goût. Même décalage un peu surréaliste côté people, où l'on continue à dérailler. Si Michel Drucker parle, à Paris, d'un « clan soudé », la réalité est tout autre à Los Angeles où règnent la pagaille, les conflits et la confusion. L'éclipse de l'artiste est l'occasion pour les journaux d'une plongée dans sa carrière et d'un audit de son patrimoine. On autopsie ses bilans, épluche les dividendes et les pertes liés à sa tournée : un climat de fin de partie, une ambiance de fin de règne.

Ces quelques semaines auront été l'occasion de mesurer à quel point l'argent est omniprésent autour d'Hallyday. Jamais artiste de son vivant n'aura vu sa vie et son image autant parasitées par des enjeux financiers colossaux. Et voilà que pour la première fois de sa longue carrière, la star la plus riche de France voit son capital pratiquement mis sous séquestre, quand il n'est pas lui-même placé sous la tutelle de compagnies d'assurances aux aguets.

Indécent. Ce qu'on lui pardonnait encore il y a quelques semaines, c'est-à-dire de jeter sa fortune par les fenêtres et de vivre sans compter, est aujourd'hui un péché. Médias, assureurs, banquiers et producteurs : tous font mine de découvrir soudain que Johnny Hallyday, qui a contribué toute sa vie à faire la fortune de bon nombre d'entre eux, à commencer par ses différentes maisons de disques, vivait sur un grand train !

Car Hallyday, c'est d'abord un flambeur. Un homme capable d'acheter une maison, un yacht ou un jet sur un simple coup de tête, ou d'offrir des voitures de luxe à des copains d'un soir, comme s'il s'agissait de rasoirs jetables. Il a fallu un jour toute l'insistance de l'un de ses anciens amis, le journaliste et homme d'affaires Marc Francelet, pour dissuader Johnny de lui faire cadeau d'un tableau d'Andy Warhol d'une valeur de plusieurs dizaines de milliers d'euros. Abasourdi, Francelet s'était découvert à l'époque, comme seule et ultime échappatoire, une passion soudaine pour les vieux juke-box. Qu'à cela ne tienne, le lendemain même, Johnny lui faisait livrer une pièce de musée.

C'est avec le même emballement et la même insouciance que Johnny Hallyday fait un jour l'acquisition d'un restaurant – Le Balzac – à Paris, et un autre jour d'une boîte de nuit, l'Amnésia, revendue depuis. À chaque fois, ses investissements se sont accompagnés de polémiques et de rumeurs sur l'importance des capitaux investis. Mais l'intéressé s'en soucie comme de l'an quarante : lorsque le besoin de liquide se fait ressentir ou qu'il traverse une mauvaise passe financière, il obtient des avances de Messieurs Warner ou Optic 2000. Inutile de tenter de lui expliquer dans le détail les arcanes de sa fortune : quand Johnny ne comprend pas, il n'hésite pas à changer de conseiller fiscal, comme on change de table de black-jack au casino, en pensant faire tourner la chance : ce qu'il a fait brutalement à l'automne 2009.

Sa PME voit ainsi graviter toute une nébuleuse sur laquelle Johnny Hallyday n'a jamais vraiment nourri d'illusions : au mieux des compagnons de route éphémères, au pire des pique-assiettes. L'artiste est un solitaire et, malgré les apparences, il n'invite personne dans sa vie. D'une certaine façon, l'homme ne manque pas de clairvoyance ni de sagesse dès qu'il s'agit de son entourage : pillé, abusé, généreux jusqu'à l'inconscience, il ne se leurre pas, il en a tant vu… C'est la raison pour laquelle ce désabusé des relations humaines s'entend toujours mieux avec son prochain compagnon de virée, qu'il aura rencontré au détour d'une boîte de nuit ou dans les coulisses de l'un de ses concerts.

Chaque époque de son existence a vu ainsi des courtisans entrer, avant d'en disparaître comme par magie, dans son premier cercle : des hommes et des femmes qu'il a fini par oublier, comme l'on perd ses clés. Par zapper, au terme de brouilles inexpliquées et de quelques autres rencontres tout aussi éphémères. Étudier les ramifications du système Hallyday requiert des qualités à côté desquelles l'anthropologie est un jeu de bilboquet ! Allez comprendre pourquoi il s'est séparé de quelques-uns de ses plus fidèles soutiens ! Qu'il s'agisse de Jean Pons, son premier vrai producteur, jusqu'au début des années soixante-dix ; de Gill Paquet, fidèle attaché de presse disparu en 1996 ; de Marc Francelet, autre compagnon de route qui le sortit de nombreuses mauvaises passes. Sans oublier Daniel Vaconsin, son avocat durant dix-huit ans, un homme qui joua pourtant un rôle clé dans sa vie. C'est lui qui, en 2001, eut à affronter le procureur Éric de Montgolfier dans la sombre et délicate affaire qui vit le chanteur accusé de viol sur une hôtesse, à bord d'un yacht, et obtenant au final un non-lieu. S'ajoute à cette liste, qui est loin d'être exhaustive, André Boudou, l'omniprésent beau-papa, père de Laeticia, et Gilbert Coullier, le producteur évincé, lui aussi, mais par Jean-Claude Camus, cette fois. Et demain à qui le tour ? Qui paiera les pots cassés de l'affaire en cours ? Qui sera le prochain Mazarin de Marnes-la-Coquette où Jean-Claude Camus, qui y a toujours pour l'heure sa chaise, tient ferme les manettes ?

– 10 –

Un clan mis à rude épreuve

Lorsqu'il émerge définitivement du coma le 14 décembre 2009, Johnny Hallyday n'a naturellement pas conscience de l'intense agitation qui n'a cessé de régner autour de lui depuis les premières heures de son hospitalisation. Il est même à cent lieues d'imaginer qu'au-delà du cortège classique des people qui font le siège devant sa chambre, une cohorte d'hommes en col blanc s'est installée à sa porte dans un seul but : prendre des nouvelles de leur investissement. Tout ce qui compte dans la Johnny Incorporated aura ainsi défilé deux semaines durant dans les coursives de cet hôpital. De l'argent, du sang et des larmes. « C'est Dallas ! » s'exclamera après coup David Hallyday, qui a pu compter pendant toutes ces heures sur celle dont on n'a jamais vu la silhouette ni entendu le son de la voix, mais qui a pourtant joué – et continue de jouer – un rôle majeur dans la coulisse : Sylvie Vartan.

Solide comme un roc elle aussi, cachée derrière ses sourires et ses lunettes noires, l'ex-épouse du chanteur a été omniprésente. Attentive, réservée, éclairée, entretenant de bonnes relations avec Laeticia, elle n'a cessé de veiller au grain. Sans jalousie, ni concupiscence. Si la première agit en chef de cabinet, la seconde règne en vestale. Mariée à Tony Scotti, l'une des puissances d'Hollywood – il est le fondateur de l'empire Freemantle et fut le producteur de quelques géants de la musique américaine, dont Quincy Jones –, celle qui fut vingt années durant son épouse et sa plus fidèle compagne demeure encore aujourd'hui la plus vaillante alliée de Johnny. Elle est aussi l'une des rares à conserver son oreille, l'une des seules, pour tout dire, qu'il écoute avec attention, quand il ressent le besoin d'échanger et que sa vie traverse un cap difficile. Sylvie est son filtre, une amie précieuse qui passe au tamis les angoisses et les questions de celui qu'elle a aimé, un homme qu'elle connaît mieux que quiconque.

Mais comme beaucoup dans l'entourage proche du chanteur, elle ne soupçonnait pas la gravité de son état, même si elle avait été informée, par le passé, de son cancer du côlon. Et le voir subitement planté sur le bas-côté de la route la plonge dans un chagrin indicible, tout comme le découvrir à la merci d'un entourage dont elle s'est toujours défiée. « Des vautours », a-t-elle coutume de marteler. Ce chagrin se double d'une colère intraitable contre tous ceux qui n'ont pas su préserver et conseiller au mieux son ex-époux pendant toutes ces années. Qui n'ont pas été en mesure de canaliser ses excès, ni de le protéger de lui-même.

Elle découvre aussi que cette affaire a sans doute provoqué des dégâts collatéraux inattendus. Fin décembre, Laura Smet, la fille de Johnny Hallyday et de Nathalie Baye, âgée de vingt-six ans, est retrouvée inanimée sur un banc de l'église Saint-Germain-des-Prés, à Paris, avant d'être emmenée aux urgences. Laura Smet a fermement réfuté l'hypothèse de la moindre tentative de suicide, mais chacun s'est interrogé sur l'émotion qu'a pu susciter chez cette jeune femme l'état de son père. Sans compter qu'on apprend, au détour des gazettes, qu'elle est la compagne du propre frère de Stéphane Delajoux. Pas simple à gérer... Même le plus médiocre des scénaristes n'oserait proposer à un metteur en scène un tel imbroglio...

Inutile de dire que l'annonce de l'hospitalisation en urgence de Laura incite Sylvie Vartan à resserrer les rangs du clan : là aussi, l'ancienne égérie de Johnny va jouer un rôle. Sitôt le rocker remis sur pied, elle va lui parler. Et parce qu'elle incarne les jours heureux et un passé ripoliné, il va l'écouter. Quels que soient le moment et l'endroit où il se trouve, Johnny sait que la mère de son fils reste une épaule sûre et bienveillante : une balise vers laquelle il se tourne sans crainte, tant il sait que sa fidélité est désintéressée.

C'est sans doute l'occasion d'enfoncer le clou... Car voilà un certain temps que la famille, Sylvie Vartan et David Hallyday en tête, voudrait voir Johnny tourner enfin la page. Or « tourner la page » signifie d'abord éloigner Jean-Claude Camus. Le fils du chanteur, qui a confié sa carrière sur scène à une société américaine, Live Nation, cotée en Bourse et gérant des Rolling Stones, de Madonna, de U2 ou encore de Shakira, rêverait de voir son père changer de mentor et lui emboîter le pas. Étonnamment, père et fils ont toujours mené leur vie professionnelle chacun de leur côté. Quand, en 2003, Johnny claque avec fracas la porte d'Universal après quarante-trois ans de collaboration, David y fait son entrée avec un contrat de longue durée. Et si Hallyday Junior a signé pour Hallyday Senior l'album *Sang pour sang*, l'un des plus gros succès de l'artiste, les deux hommes se sont peu croisés.

Pourtant personne n'imagine Johnny opérer aujourd'hui un tel virage à angle droit, alors que sa carrière prend l'eau et qu'il ne lui reste qu'un dernier sprint à effectuer, qu'un dernier coup de rein à donner, avant de tirer sa révérence et d'aller se réfugier – fortune refaite, il l'espère –, dans son chalet de Gstaad ou sous les tropiques.

D'autant que Jean-Claude Camus n'a pas dit son dernier mot. Si Johnny se requinque, il a pour lui une porte de sortie, une solution pour rebondir, un « plan B » : une toute dernière fin de tournée en forme d'apothéose et de révérence faite à son public sur les tréteaux du Stade de France, où le sphinx brûlera ses derniers feux. Pas de concerts marathons en province, ni de périples épuisants aux quatre coins de la Belgique ou de la Suisse. Mais une dernière salve de spectacles, *light.* À deux pas du périphérique parisien et à quelques encablures de l'hôpital américain de Neuilly, si d'aventure Madame Hernie Discale ou toute autre intruse de ce genre décidait de se rappeler à son bon souvenir... C'est en tout cas le projet vendu aux compagnies d'assurances, et le secret espoir d'un manager qui programme un dernier tour de piste.

Dans ce contexte, l'organisation des festivités du 14 Juillet 2010, sur l'initiative de l'Élysée, donne lieu à un épisode pour le moins pittoresque. Comme chaque fois depuis quelques années, le château lance à la mi-mars un appel d'offres en vue de l'organisation sur le Champ-de-Mars, à Paris, au pied de la Tour Eiffel, d'un concert monstre, dont Johnny Hallyday avait été la vedette, lors de l'édition précédente.

À peine lancé, cet appel d'offres, d'un montant de 4,5 millions d'euros, voit Jean-Claude Camus sortir du bois et proposer, en association avec Renaud Le Van Kim (le producteur du « Grand Journal » de Canal+ et l'homme des interventions télévisées de Nicolas Sarkozy), un plateau d'artistes de tous horizons avec, en prime, la présence sur scène de... Johnny Hallyday ! L'artiste viendrait y chanter un ou deux titres, histoire de prouver à son public qu'il est toujours là. Et que son « vrai » retour sur scène n'est plus qu'une question de semaines.

Mais, apprenant la nouvelle, David Hallyday et son associé et ami Cyril Viguier déposent à leur tour un dossier de candidature concurrent, *via* leur société de production DHCV. Pour cela, les deux hommes se sont rapprochés de Lagardère Entertainment, ainsi que d'un important organisateur de spectacles de la place, Yannis Chebbi, à l'origine notamment du « Concert pour Haïti ». Face au projet de Jean-Claude Camus, ce consortium se propose de faire venir à Paris ce 14 juillet 2010, tout simplement, Stewie Wonder ! Et d'imaginer, là aussi, un passage éclair sur scène et en vedette américaine de... Johnny, *himself*! Johnny ici, Johnny là, c'est à y perdre son latin.

Affiche contre affiche, Jean-Claude Camus contre David Hallyday : la confrontation ne manque pas de sel, en tout cas. Et elle n'étonne personne, tant ces deux hommes s'affrontent et se déchirent depuis maintenant des mois. Mais de là à imaginer le fils de Johnny Hallyday batailler afin de contrecarrer un projet emmené par le producteur historique de son père, c'est le pompon ! Inédite, la situation en dit long sur la guerre qui fait rage dans l'entourage de la star et sur les traces laissées par les manœuvres et les affrontements qui ont émaillé l'hospitalisation de Johnny Hallyday aux États-Unis.

Mais voilà que, à l'horizon de la fête nationale, Nicolas Sarkozy se trouve confronté à un curieux dilemme : choisir entre le projet d'un garçon, David Hallyday, pour lequel il a de l'affection, et celui du producteur de son ami Johnny, dont le partenaire dans ce projet, Renaud Le Van Kim, est non seulement un professionnel reconnu, dont il ne cesse de louer, depuis son élection à l'Élysée, les compétences et la fidélité, mais un pion essentiel dans son dispositif de communication. Compliqué.

Reste une énigme : Johnny, toujours. On peine en effet à imaginer Hallyday sur scène dès ce 14 juillet, sauf à ce que ce dernier y fasse une très brève apparition, de l'ordre du symbolique. Précipitation ou « intox » médiatique : le début du printemps voit quoi qu'il en soit une partie de l'entourage de la star communiquer, sur tous les tons, afin d'expliquer à qui veut l'entendre que Johnny est en train de recouvrer une grande forme. Bref, que la star a retrouvé la pêche, au point d'envisager un retour au premier plan, plus tôt que prévu. Foutaises ! C'est ainsi que la une de *France Soir* publie le 19 mars une photo pleine page exclusive montrant un Johnny Hallyday barbotant, revigoré, à plat ventre sur une planche de surf dans les eaux chaudes de Saint-Barth'. Le tout sous ce titre rédempteur : « Johnny sous le soleil des Caraïbes ». Teint hâlé, épaules de catcheur et visage reposé, le chanteur donne l'apparence d'un homme miraculeusement rétabli. Mais il y a tromperie : un site internet, Pure People, révèle, en effet, le jour même, la supercherie : ces photos, qui ont déjà fait la couverture de *Voici* il y a cinq ans, datent du mois de février 2006 ! Embarrassé, *France Soir* est contraint d'indiquer s'être fait abuser par l'agence qui lui a cédé ces clichés. Tandis que, à Saint-Barth', l'entourage de Johnny se voit obligé de diffuser un communiqué confirmant l'erreur, tout en précisant que Johnny Hallyday est toujours « en convalescence »... Le seul examen attentif de la photo de *France Soir* suffit d'ailleurs à s'en convaincre : l'athlète qui nage aux côtés de Laeticia n'a rien de l'homme amaigri et aux traits tirés aperçu quelques jours plus tôt sur les écrans de France 2, lors des Victoires de la musique...

Ne reste plus qu'à conjurer le sort afin que l'homme refasse véritablement surface. Camus, Laeticia, la Warner, Sylvie, David, Axa et les autres : tous l'espèrent.

Mais un autre homme prie chaque jour plus que les autres pour le retour sur scène de Johnny...

– 11 –

Stéphane Delajoux : responsable ou bouc émissaire ?

Sa haute silhouette, surmontée d'une tête de jeune premier, était apparue pour la première fois à la télévision, pour des millions de téléspectateurs, au beau milieu d'un drame qui avait secoué la France entière. C'était en juillet 2003, à Vilnius, dans les couloirs d'un hôpital vers lequel convergeaient des journalistes du monde entier, parce que Marie Trintignant y luttait contre la mort. Aux portes de cet établissement pris d'assaut par la presse, ce neurochirurgien débarqué en toute hâte à la demande de Jean-Louis Trintignant occupait tout l'espace. Mais, prudent, il ne distillait que quelques bribes d'informations sur l'état de santé d'une patiente pour laquelle il venait tout juste de tenter l'opération de la dernière chance.

Préparé à l'indicible, ce jeune médecin semblait partagé entre la tristesse et l'effroi. Sur le trottoir de cet hôpital on l'avait vu peser chacun de ses mots, face aux caméras, tandis qu'à l'intérieur le climat était au pessimisme. Stéphane Delajoux pouvait-il imaginer rôle plus morbide, tâche plus sordide ? Alors que la foudre s'abat sur Bertrand Cantat et que l'« affaire Trintignant » explose à la face du monde dans les médias, c'est à lui que revient la pénible mission d'annoncer l'imprononçable : ces mots terribles qu'il lâche vingt-quatre heures plus tard devant cette même forêt de micros, à l'arrivée de sa patiente à la clinique Hartmann de Neuilly, où Marie Trintignant avait été transportée en toute hâte : « Pendant vingt minutes un encéphalogramme plat. Puis, plus aucun espoir... »

*
*   *

Il aura fallu les hasards de la vie pour que Stéphane Delajoux croise un jour le macabre destin d'une jeune et belle comédienne. Mais il aura fallu aussi une suite de hasards, non moins insolites, pour que ce même médecin trouve sur sa route la silhouette d'un Johnny Hallyday, dont il doit regretter amèrement aujourd'hui d'avoir eu à examiner de nouveau, un jour de décembre 2009, la colonne vertébrale.

C'est à l'automne 2008 que Johnny Hallyday approche celui dont Jean-Claude Camus et quelques autres réclament désormais la tête, au son d'une impitoyable Carmagnole. Il ne connaissait pas du tout le « chirurgien des stars », c'est un cardiologue renommé, Rodolphe Gomberg, ami d'Hallyday, qui le lui a présenté.

— Tu peux y aller en toute confiance, a-t-il dit à Johnny, en dressant du médecin un portrait plus que flatteur, exemples huppés à l'appui.

C'est en effet Delajoux qu'on était allé chercher afin de tenter l'impossible pour ramener Marie Trintignant à la vie. C'est lui, encore, qui avait sauvé Charlotte Gainsbourg en septembre 2007, après une grave chute en ski nautique. Et c'est ce même garçon – « qui vit avec Isabelle Adjani », avait alors précisé Gromberg – que le show-biz réclame au moindre pépin de santé. Et peu importent les on-dit, les rumeurs de caniveau et les quelques péripéties judiciaires qui ont émaillé son parcours : « C'est un as, tu verras. »

Deux procès pour une « technique inadaptée » en 2004, une « faute dans le suivi post-opératoire » d'un patient en 2006, sans compter la section disciplinaire de l'Ordre des médecins, qui lui a signifié une interdiction d'exercer pour une durée de trois ans, dont trente mois avec sursis, en 2005... Rien de tout cela n'a découragé Johnny, qui préfère ne retenir que les bons états de service d'un praticien dépeint – aussi – comme chevronné : depuis le début de sa carrière, Stéphane Delajoux a en effet pratiqué, avec succès, des milliers d'actes chirurgicaux – quatre cents par an, en moyenne –, sauvant de la mort et du handicap des dizaines de personnes.

Johnny Hallyday est d'autant plus rassuré et à l'aise avec Stéphane Delajoux que ce dernier n'est pas un médecin comme les autres. Il lui fiche la paix. Il ne souffle mot quand l'envie lui prend de fumer une clope dans sa chambre de la clinique Monceau. Il ne le noie pas sous les admonestations quand, tout juste sorti de cette même clinique, Hallyday s'autorise un ou deux verres d'un bon bordeaux. Il ne l'empêche pas de prendre un vol long-courrier à peine sorti de la clinique où il vient de l'opérer, quand tout autre chirurgien aurait sans doute mis son veto. Autant les deux *Men in black* du Cedars-Sinai se sont montrés intraitables avec leur patient, autant Delajoux relâchait volontiers la bride et laissait carte blanche à Johnny, pas mécontent d'avoir à ses côtés une « pointure » de la médecine aussi cool.

Ce n'est que plusieurs jours après sa sortie du Cedars-Sinai que l'artiste va commencer à s'interroger. Notamment lorsqu'il découvre, par l'intermédiaire de son avocate et de ses proches, dont Laeticia, l'ampleur des critiques qui visent Delajoux en France. Lorsqu'il voit, aussi, le doigt accusateur pointé par l'Ordre des médecins, représenté par Me Metzner. Depuis le début de l'affaire, cet illustre avocat n'a cessé de multiplier les attaques. À propos de Stéphane Delajoux fin décembre 2009, dans *Paris Match*, il parle d'un homme « sans scrupules ». Et il l'étrille la même semaine et dans les mêmes termes sur le plateau du journal de 20 heures de TF1. Metzner-Delajoux : ces deux hommes ont, en vérité, une histoire et une dépouille en commun ! Si étonnant que cela puisse paraître, ils se sont côtoyés au moment de l'affaire… Trintignant, justement. Le premier était l'avocat de Bertrand Cantat. Le second, on l'a dit, la dernière personne à avoir vu Marie Trintignant vivante… Certains commentateurs ont cru voir là une raison possible d'aversion de la part de Me Metzner, ce qui est mal connaître l'indépendante neutralité de l'avocat, en toute circonstance, dans l'exercice de sa profession. Il n'empêche que, publiquement mis en cause et décidé à en découdre, lui aussi, Stéphane Delajoux assigne devant les tribunaux, fin janvier, l'homme en noir. La justice les départagera.

*
* *

Si l'expression « descente aux enfers » devait avoir un sens, les mois que vient de vivre Stéphane Delajoux en sont une terrible et cruelle illustration. Jamais médecin n'aura vu son passé professionnel autant épluché, sa réputation à ce point mise en pièces. Du jour où Johnny Hallyday le quitte pour s'envoler en direction de Los Angeles, Stéphane Delajoux devient l'homme à abattre. Et tout est allé crescendo : après le temps du soupçon est venu celui des accusations, puis, celui de la punition… Dans la nuit du vendredi 11 décembre, l'homme est agressé à proximité de son domicile, situé avenue de Wagram, dans le dix-septième arrondissement de Paris. « *Ce que l'on sait, c'est qu'il y avait deux hommes cagoulés, qui, semble-t-il, le suivaient, et qu'il y avait un témoin*», raconte aussitôt Hervé Témime, l'un des deux avocats du médecin, sur i-Télé, le samedi matin. Delajoux, qui a porté plainte, demande la protection de la police et fait appel à un garde du corps.

Cette agression est-elle liée à l'affaire Hallyday? La question se pose, naturellement. Après les coups dont il a été victime, le chirurgien s'est rendu immédiatement aux urgences médico-judiciaires, afin de faire constater ses blessures. Les traits tirés, la tempe tuméfiée et un œil au beurre noir, il reste silencieux face au médecin qui l'ausculte : seul l'un de ses avocats demeuré à ses côtés, David Koubi, s'exprime devant les quelques journalistes présents. Partout, la lancinante question revient : qui étaient donc ces deux hommes, particulièrement au fait des habitudes du chirurgien et dont le sang-froid, durant l'agression, semblait être la signature de professionnels aux yeux des enquêteurs? D'ailleurs, personne ne croit dans l'entourage du médecin à un acte de vengeance de simples fans du chanteur en colère. Tout le monde pense plutôt à un «contrat» rempli par des gens «du métier», à un «message» adressé à Stéphane Delajoux, confie alors l'un des deux avocats du médecin. Mais un contrat émanant de qui? Un message, pourquoi? Mystère.

Tout juste remis de ses émotions, mais empêtré comme jamais dans une affaire qui commence à être lourde à porter, Stéphane Delajoux, que la chance semble avoir définitivement abandonné en ce début 2010, s'offre le luxe d'un nouveau psychodrame. À la mi-janvier, celle dont il pensait s'être éloigné pour toujours, au terme d'une relation tumultueuse, décide de se rappeler à son bon souvenir. Déboulant à l'improviste, Isabelle Adjani lui réclame, sans crier gare, cent cinquante mille euros, une somme rondelette qu'elle lui a prêtée dans le cadre de l'un de ses projets baptisé « Docteur Plus France », une société support d'un site Internet d'information médicale qui n'a pas vu le jour à cette date. « La confiance que j'avais accordée a perdu toute raison d'être », assène dans le magazine *Le Point* celle qui obtient, le 15 janvier 2010, du tribunal de grande instance de Nanterre, la possibilité de saisir cette somme sur les comptes de ladite société. Non seulement la belle idylle entre l'actrice et le médecin est terminée, mais elle vire à l'affrontement. Autrefois Isabelle Adjani soutenait Stéphane Delajoux. Aujourd'hui, elle l'enfonce.

Et elle n'est pas la seule. Les avocats du médecin ont beau dénoncer, à cor et à cri, l'acharnement médiatique dont leur client est l'objet, rien ne freine les ardeurs de ceux qui hurlent avec les loups. C'est la curée. Pas un jour sans que Virginie Lapp, l'avocate de Johnny, ne réceptionne à son cabinet des témoignages écrits, accablants, de patients passés entre les mains de Delajoux. Quant à son cercle d'amis du show-biz, hier encore si fourni, il s'est mystérieusement clairsemé. C'est classique, mais douloureux pour celui qu'une partie de la presse a exécuté sans appel. Un lynchage médiatique qui se double d'une sanction professionnelle terrible. Pour la seule période allant du 15 décembre 2009 au 25 février 2010, soit en l'espace de soixante-dix jours, Stéphane Delajoux n'aura opéré que six patients, alors qu'au plus fort de son activité, par le passé, il pouvait pratiquer, sur une même période, jusqu'à quatre-vingts interventions. Son activité s'est effondrée : aujourd'hui, la PME Delajoux est morte.

S'en relèvera t-il ? Pas si sûr et en tout cas, pas de si tôt. Décidé pourtant à laver son honneur et à remonter la pente, Delajoux fait feu de tout bois. Ses avocats – qui sont au nombre de trois, désormais – ont transformé leur cabinet en usine à plaintes. Journaux, radios, animateurs télé… ils sont une cinquantaine, à ce jour, à avoir reçu des assignations. Du *Parisien* au magazine *Voici* (à qui Delajoux réclame cinquante mille euros de dédommagements), de Thierry Ardisson à Michel Cimes, le chroniqueur médical de France 5. Et ce n'est pas fini…

Voilà qui soulage Delajoux et calme son envie d'en découdre publiquement avec ses détracteurs, par médias interposés. Mais pointer du doigt la presse ou régler ses comptes avec Johnny Hallyday, dont il souligne en privé le mode de vie, l'insouciance et le côté irresponsable, ne suffit pas. Seul le verdict des experts décidera de la suite. C'est-à-dire pour Delajoux, tout simplement, de l'avenir de sa carrière.

– 12 –

L'angoisse du verdict

Le 23 décembre 2009, Johnny Hallyday sort de l'hôpital. Enfin libre ! Vingt jours plus tôt il pénétrait au Cedars-Sinai avec une tête de marin au long cours martyrisé par des douleurs qui dépassaient la raison. Et voilà qu'il affiche, sur le trottoir et sous un beau soleil, une mine de miraculé. Si Johnny n'est pas encore fringant, il est vivant. Cet épisode l'a lessivé, mais son moral est regonflé, comme aux plus beaux jours. À l'angle de la rue, il jette un coup d'œil sur une décapotable rouge vif. Elle glisse en silence sur l'asphalte et Johnny la regarde avec concupiscence :

— T'as vu, Laeticia ?

Pas de doute, Johnny va bien. Johnny *is back.* Une autre preuve : à peine libéré par ses médecins, qui ne seront pas parvenus durant ces jours d'hospitalisation à déchiffrer les mystères de la résistance de cet individu et de sa survie, la ronde habituelle redémarre. Le soir de Noël, il y a foule autour de lui. Entouré de Laeticia et de ses filles, du couple Angeli et de quelques autres amis dont celui que l'on présente comme son homme de confiance du moment, Patrick Roussel, l'artiste décompresse. Parfois s'imprime un large sourire sur son visage, comme le signe d'un profond soulagement : non seulement la médecine lui a une nouvelle fois accordé la faveur de vivre, mais il a la baraka.

Et la tournée des retrouvailles se poursuit de plus belle. Rebelote quelques jours plus tard, à l'occasion du réveillon de fin d'année : cette fois-ci, c'est Jean Reno qui est de la fête, au côté du couple Angeli, toujours.

Au soir des Victoires de la musique, le 4 mars 2010, qui récompensent son Tour 66, sacré meilleure tournée de l'année, le public français découvre son visage à la télévision : maquillé, bien éclairé, mais un peu robotique, le chanteur prononce un message de remerciement vite expédié, et qu'il a enregistré : le minimum syndical pour cet automate qui s'éclipse sitôt son laïus dispensé de Saint-Barth. Mais sur place, Johnny est furieux. Car il n'y a personne, à Paris, pour aller le représenter sur scène et chercher sa Victoire. Ni les représentants de Warner, sa maison de disques. Ni Jean-Claude Camus qui s'est fait porter pâle. Ulcéré, Johnny envoie par Internet un message à quelques-uns de ses proches. Avec copie pour les intéressés : il n'oubliera pas.

En tout cas l'artiste, qui ne touche plus à une seule goutte d'alcool, reprend doucement pied. Mais se lisent dans ses yeux les traces des semaines passées. Les médecins l'ont prévenu avant de le lâcher dans la nature : il lui faudra du temps, beaucoup de temps, pour remonter la pente et refaire surface. Quant à espérer remettre les pieds sur scène dans les six mois qui viennent, ce n'est même pas la peine de l'imaginer. « Vous ne tiendrez pas la distance, et risquez de vous effondrer avant même de démarrer », lui disent les toubibs : les bras en croix sur la cendrée.

*
*   *

Là est tout le problème. En sommeil depuis maintenant plusieurs mois, la PME Hallyday ne produit plus rien. Et la perspective d'un long chômage technique dû à l'incapacité du « taulier » à redémarrer la production laisse planer quelques incertitudes – le mot est faible – quant à la suite des événements. Johnny en a d'ailleurs pleinement conscience. À peine sorti de l'hôpital, il est allé visiter le chantier de sa nouvelle maison en construction sur Pacific Palissades. Un bijou planté au bord de la plage, face à l'océan, qu'il regarde avec envie, même si ce petit paradis est synonyme de factures qui s'amoncellent sur son bureau. Or maintenant que l'on sait que le boss est de retour aux affaires, il va falloir les honorer, ces notes, de terrassier, de plombiers ou de décorateurs. Et s'il n'y avait que cela ! Cette nouvelle acquisition porte à cinq le nombre des demeures que Johnny Hallyday possède de par le monde : sa gentilhommière de Marnes-la-Coquette, son chalet de Gstaad, sa villa de Beverly Hills, son somptueux pied-à-terre de Saint-Barth et ce dernier joyau niché au cœur d'une enclave de milliardaires. Un patrimoine immobilier qui en impose, mais aussi une collection de demeures cossues dont il doit assumer les charges et qu'il faut entretenir.

Il faut dire que Johnny, même s'il a connu une enfance difficile, appartient désormais à un monde où le soleil n'a jamais brillé pour les pauvres. Une planète où certains doivent croire que le smic représente le montant minimum de l'argent de poche mensuel versé à chacun de leurs enfants. Bref, une oasis où l'argent a toujours coulé à flots et où il n'est pas indécent de dépenser sur un coup de tête vingt mille dollars pour acheter sacs et chaussures... Mais demain, c'est-à-dire là, dans les jours qui suivent sa sortie de cet hôpital de Los Angeles, Johnny pourra-t-il tenir le rythme et conserver un tel train de vie ? En tête des chanteurs les mieux payés en 2009, il a vu ses revenus musicaux se monter à onze millions d'euros, selon le classement annuel réalisé par *Le Figaro.* Un pactole certes ronflant, mais qu'il a pratiquement réinvesti dans le Tour 66, cette tournée d'un montant colossal pour laquelle il a englouti tout ou partie de son bas de laine.

Car Camus et Hallyday pensaient avoir vu juste en se lançant dans cette aventure : le Tour 66 devait être le jackpot de leur vie. Une tournée en forme de quitte ou double dont le succès était assuré aux yeux de tous, compte tenu de l'engouement qu'elle suscitait dans le public et de la capacité de Johnny à donner sur scène le meilleur de lui-même. Mais avec cette interruption brutale, le rêve est en train de virer au cauchemar. Johnny sait qu'il joue gros désormais dans cette affaire. Si ce n'est pas la première fois qu'il traverse une mauvaise passe dans sa carrière, celle-ci risque de l'entraîner vers le fond. Il est vrai que les revenus du chanteur ont toujours beaucoup fluctué, selon les années. Les bons millésimes tutoient les dix millions d'euros et les années moins fastes plafonnent sous le million. Des écarts qui expliquent ses rapports parfois tendus avec sa maison de disques ou avec les banques, chargées de lui ouvrir des lignes de crédit quand l'argent vient à manquer. Ce sont ces périodes creuses qui l'ont poussé à vendre il y a quelques années son imposant mas provençal de Saint-Tropez, la Lorada. Ce sont ces écarts qui ont incité l'une des plus célèbres banques d'affaires françaises à se séparer de ce client inconstant et dispendieux.

Mais là où les choses se compliquent aujourd'hui, c'est que l'équilibre précaire de cette PME rock 'n' roll a toujours reposé principalement sur les concerts de Johnny. La scène est son premier poumon. Et aujourd'hui plus qu'hier. En effet, on l'a vu, avec l'effondrement du marché du disque, le fléau du piratage et la baisse des ventes de la propre production d'Hallyday qui n'atteint plus les plafonds d'antan et a produit ces dernières années moins de tubes que par le passé, ces tournées sont devenues sa principale source de revenus. Et ce n'est pas le million d'euros que le chanteur perçoit chaque année avec les campagnes de pub d'Optic 2000 qui suffisent à renflouer l'entreprise. À défaut de pouvoir reprendre rapidement le chemin des planches, et par là même remettre du charbon dans la machine, Johnny, que les médecins ont assigné à résidence, va devoir trouver des solutions. D'autant plus vite que son train de vie n'a pas varié et que celui-ci est désormais sans rapport avec sa situation financière dégradée.

Et là, l'homme s'emporte. Habitué à l'argent depuis si longtemps, l'artiste n'a jamais eu à se soucier de ses fins de mois. Tous ses caprices, tous ses désirs, tous ses besoins ont toujours été réglés rubis sur l'ongle par un entourage à la fidélité sans faille. Ce que Johnny veut, Johnny l'a. L'argent est le cadet de ses soucis. À vivre ainsi dans l'opulence et la démesure depuis ses débuts, cet artiste a toujours manifesté une ignorance crasse à l'égard des contingences de tout un chacun. Générosité ? Plus encore. On ne peut pas dire que Johnny « donne » de l'argent, il le sème. Il le dépense aux quatre vents, comme s'il s'agissait de billets de Monopoly. Si bien que l'ogre des scènes peut se révéler très désagréable quand il sent que les choses lui échappent et que le vent tourne.

C'est ce qui se produit en ce début d'année 2010, le 7 février précisément. Ce jour-là, Johnny, qui a repris pied et qui sait qu'il va lui falloir rebondir rapidement, prend contact par mail avec Jean-Claude Camus. Le message est aussi bref que clair : il lui réclame le versement d'une énorme somme d'argent, en avance sur recettes. Et le ton du courrier est comminatoire. Peu importe l'état des comptes et les batailles avec les assureurs, il veut cette somme. Impossible pour Jean-Claude Camus qui se débat comme il peut et avec témérité, depuis des semaines, pour tenter de trouver une solution face à des compagnies d'assurances pusillanimes et des banques intraitables. Il n'y a plus d'argent, ou presque. Quelques centaines de milliers d'euros, peut-être, en faisant les fonds de tiroirs, mais rien à voir avec les sommes que Johnny engrangeait par le passé et qu'il exige aujourd'hui. Sur fond d'incompréhension et de désaccord profond, les deux hommes s'insultent : la suite de leur correspondance par mail est explosive.

Pourtant la position de Jean-Claude Camus n'a rien d'hystérique, ni d'outré : résolu à maintenir la maison Hallyday à flot, l'intéressé a le sentiment d'avoir fait au mieux. Et les semaines qui viennent de passer sont sans doute pour lui aussi les plus dures de sa longue carrière. « Pour l'argent on va s'arranger », avait-il coutume de dire à Johnny jusqu'ici. Mais aujourd'hui fini les tours de passe-passe : le fleuve est à sec, la source est tarie. Et le pompier de service est à bout : le 1er mars, Camus entre à l'hôpital. S'il ne s'agit officiellement que d'une simple opération du genou, cette hospitalisation ne traduit-elle pas, aussi, l'épuisement d'un homme que la situation a mis à rude épreuve ?

C'est dans les bureaux discrets d'une brochette d'avocats parisiens et d'experts de tous ordres que va se trancher l'épilogue de cette terrible aventure. Et qu'en toile de fond, va se jouer la fin de carrière de Johnny Hallyday. Le collège de médecins mandaté par la justice a jusqu'au 15 juillet 2010 pour se faire une opinion définitive sur cette affaire, quelques mois pour rendre ses conclusions. Étudié à la loupe, avec religiosité et minutie, tel un incunable, le compte rendu médical signé des deux praticiens américains est, on l'a déjà dit, une pièce maîtresse. C'est lui qui a servi de matrice au travail de leurs homologues français, et c'est sur lui que s'appuiera, bien évidemment, la justice afin de désigner les responsabilités, s'il en est.

Au moment où ce livre part à l'imprimerie, nous savons que, sauf contrordre, Stéphane Delajoux doit se rendre le 8 avril 2010 aux États-Unis pour une première confrontation, en présence de Johnny Hallyday, de son avocate et des deux praticiens américains. L'une des nombreuses questions, versée au dossier, auxquelles Johnny devra répondre est : « Avez-vous exercé un consentement éclairé quand vous avez accepté de vous faire opérer par ce chirurgien ? » En clair, était-il parfaitement informé des risques qu'il courait ?

Une première étape. Car c'est le 15 avril que doit se tenir, à Paris, autour du document en question, la toute première réunion entre l'ensemble des médecins experts et les avocats des différentes parties. Une réunion déterminante. Or que dit ce fameux dossier ? Rien en tout cas qui accable fondamentalement Stéphane Delajoux. C'est une bonne et une mauvaise nouvelle, selon que l'on se situe d'un côté ou de l'autre de la rive. Un soulagement relatif pour l'intéressé, qui a tout perdu dans cette aventure, mais un coup de massue pour Jean-Claude Camus, et par voie de conséquence pour Johnny Hallyday, pour qui la mise en cause du chirurgien par les juges est capitale. Si les docteurs Hudson et Sima ont bel et bien constaté que Johnny Hallyday était arrivé de France dans un piteux état et que l'intervention qu'il avait subie à la clinique Monceau n'était peut-être pas un pur chef-d'œuvre, rien dans leurs conclusions n'indique que le *French doctor* ait commis « la » faute. Et qu'il soit par le fait le responsable, direct, des ennuis de santé du chanteur. Un Johnny que ce document accable, en revanche : tout son passé médical y défile et avec lui ses excès, ses dérives, ses addictions.

Delajoux épargné ? Ce n'est pas un hasard si, au début du printemps, le médecin français a décidé, pour la première fois depuis des semaines, de sortir du silence et de contre-attaquer. À l'occasion d'une rencontre avec des journalistes de *L'Express* en vue d'un entretien à paraître – sans que la date soit encore fixée –, Stéphane Delajoux étrille tous ceux qui l'ont traîné dans la boue. Mais il égratigne aussi, au passage, son ancien patient, dont il pointe du doigt le mode de vie, l'âge des artères et le passé médical. Les médecins américains n'ont d'ailleurs pas dit autre chose en visitant les arcanes du CV clinique de « John Smith ». Et ils ont bien été obligé de constater que le très imprudent « Jean-Philippe Smet » n'avait pas fait preuve de beaucoup de sagesse – c'est un euphémisme – durant tous ces derniers mois.

Et surtout, dans l'état actuel des choses, il est semble-t-il impossible de relier directement l'infection dont a été victime Johnny Hallyday à l'opération pratiquée par le médecin français. A-t-on parlé trop vite d'infection nosocomiale ? De toute façon, si c'était une infection de cette nature, ce serait la clinique qui serait accusée, pas le chirurgien. Quoi qu'il en soit, la mécanique judiciaire américaine est telle qu'aucun hôpital aux États-Unis ne prendra le risque de mettre en cause, sans preuves avérées, quelque médecin que ce soit : il s'exposerait immédiatement à des procès en chaîne, sans commune mesure avec ceux connus en France dans ce type d'affaires, comme à des condamnations qui se chiffrent, en général, en millions de dollars.

Entre les risques insensés pris par Johnny Hallyday depuis sa première sortie de la clinique Monceau et les responsabilités, pas formellement établies, de Stéphane Delajoux, la justice risque de se retrouver dans l'incapacité de trancher, et de se voir contrainte de jouer la prudence. Peu importe la réputation du médecin, son image décrépite dans les médias et les plaintes dont il a fait l'objet par le passé : si la carrière de l'homme est pour un temps plombée, seule compte l'affaire en cours et celle-ci est loin d'être simple. Si bien qu'à la fin de l'hiver 2010, chacun s'attend à voir les juges ne pas se prononcer de manière concluante. Chacun s'attend à voir la justice laisser Johnny Hallyday seul face à ses responsabilités. Seul face à ses dettes et à Camus.

Seul face à son destin.

– Épilogue –

Johnny Hallyday à la case départ, au pied du mur ? La belle affaire. Combien de fois l'a-t-on dit ruiné ou à la dérive, incapable de remonter la pente, avant de le retrouver triomphant sur une scène ou bruni comme un caramel aux commandes d'un bolide des mers acheté on ne sait comment ? Au moment où cet ouvrage s'apprête à être imprimé, il est question de l'automne ou de l'hiver 2011 pour un retour sur scène. C'est-à-dire une éternité pour cet hyperactif incapable de tuer le temps. Dans ce grand bazar pop que forme notre mémoire collective, saura-t-on dans dix-huit mois sur quelle étagère encombrée de produits souvenirs a été rangée la dernière compil' de Johnny ? Blasphème ! Il suffira d'un nouveau tube diffusé sur les antennes pour que la France s'embrase à nouveau et que le mythe perdure.

En attendant, réfugié dans sa villa de Saint-Barth face à un horizon professionnel rabougri, condamné à l'immobilisme et à une longue convalescence, Johnny Hallyday passe des heures entières rivé à un ordinateur portable sur lequel il regarde films et vidéos. Tout en consultant la page Facebook qu'il a récemment ouverte : derrière l'idole, un homme comme les autres. C'est sa nouvelle façon de vivre : décompresser, et préparer la suite.

La suite… Peut-être le pire des mots aujourd'hui, dans sa bouche, alors que tout fout le camp et que rien n'est réglé. Il va lui falloir tout reprendre de zéro, tout repenser : son business, ses disques, son patrimoine, son entourage… Vendre ici, virer celui-là. Pendant quelques jours, à la sortie de l'hôpital, on a guetté le moment où il rendrait les armes et son tablier, on a épié l'instant où Hallyday raccrocherait ses santiags et son habit de lumière, pour redevenir Smet.

Et puis… Il suffit parfois d'un stimulus. Installé un soir, sur sa terrasse, il regarde sur son ordinateur l'un des dernier concerts de U2, en Europe. Celui du Stade de France l'avait déjà épaté, mais là… Suspendu aux images d'une foule en fusion massée face à une scène semblable à une tour de la Défense, il a claqué des doigts et appelé Laeticia :

— Viens vite, c'est inouï, regarde ! Qu'est-ce que tu penses de la forme de cette scène ? Et de ces lumières, en batterie ? Ça a de la gueule, non ? Je verrais bien ça pour la prochaine fois...

Les témoins de cette scène en sont restés pantois. Oubliées, ses jambes en coton et sa fatigue qui l'oblige à s'allonger chaque jour quelques heures. Oublié, ce long tunnel dont il sort tout juste, le corps en charpie. Il ressuscite. Voilà Johnny, tel qu'on l'a toujours vu. Ragaillardi en un clin d'œil. Voilà Hallyday, tel que les Français l'aiment. Prophète de lui-même et star inexpugnable.

– Table des matières –

Achevé d'imprimer par
CPI Brodard et Taupin
en juin 2010
pour le compte
des Éditions FIRST

Dépôt légal : juin 2010
N° d'impression : 58524
Imprimé en France